一番伝わりやすい
コミュニケーション手段、
それがその子の
“母国語”です

発達が気になる子のステキを伸ばす「ことばがけ」

加藤 潔
Kato Kiyoshi

明石書店

はじめに

「ことばがけ」――よく使われる単語です。しかしながら、よく使われる単語だけに、人によってその意味するところが微妙に違ったり、あいまいだったりするような気がします。ある人は「話しことばでのアプローチ＝ことばがけ」ととらえているかもしれません。またある人は「話しことばよりも視覚的手がかりのアプローチが重要だ」と考えているかもしれません。

どちらがいいとか悪いとかいうことではなく、「ことばとは何か」を整理していないことによる違いのように思えます。そこで、まず「ことば」について整理しておきましょう（次頁の表）。

これらがすべて「ことば」です。この中で、一番伝わりやすい（気になる子たちが最もわかりやすい）コミュニケーション手段を採用することが「ステキを伸ばす

「ことば」って何だろう？

ことば：人にメッセージを伝えるために用いるコミュニケーションの形態の総称

たとえば――

- 具体物
- ジェスチャー
- カード（絵・写真・文字・シンボル）
- 正式なサイン
- 話しことば
- 書きことば
- ＩＴ機器　など

『ことばがけ』」になるのです。言い換えると、一番伝わりやすい（最もわかりやすい）コミュニケーション手段は、その子にとっての〝母国語〟と言えます。〝母国語〟をベースに、他のことばを覚え使えるようになっていくのですから、その子にとっての〝母国語〟を見つけてあげることが最も大切です。けっして支援者や保護者にとっての〝母国語〟ではありません。その子の側に立って考えてみましょう。だって、その〝母国語〟を使える環境にないために苦労しているのですから。

この本は、主に支援に携わっておられる方々へ向けた目線で書いているところが多いのですが、保護者の方が読んでもヒントになることが

はじめに

たくさんあると思います。まず関心があるところから読んでくださってもけっこうです。

なお、この本では、「気になる子」を「発達障がいの診断があるなしにかかわらず、その香りを多く身にまとっている少数派に属するタイプの子」として話を進めていきます。文中では、「気になる子」「少数派」「発達障がい」「自閉症スペクトラム」という表現が出てきますが、どれも同じような意味合いで使用しています。

2017年4月

札幌市自閉症者自立支援センターゆい　加藤　潔

もくじ

第1章 指示や説明のことばがけ

第4章 ことばを引き出すことばがけ

第5章 支援する立場にある自分へのことばがけ

第1章

指示や説明のことばがけ

まず、原則を整理しましょう

○ 指示とは？

指示とは、相手に期待する行動を伝えることです。明確に伝えることがもちろん望ましいことですが、日本人は「やんわり」「さりげなく」「おだやかに」伝えたいという美徳を持っています。その美徳は、あいまいに伝えることと誤解されがちですが、私は、命令的ではなく冷淡でもなく穏やかに伝えるという美徳だと考えています。その美徳を大事にしながらも、かつ明確に伝えることが、日本人にとってのよい指示と言えるでしょう。

○ 説明とは？

説明とは、相手に状況を伝えることです。それには6つの情報が必要になります。

「いつ・どこで・何を・どのように・どのくらい・次は」の６つです。誠実な方ほどそれらの情報を丁寧に伝えたいという思いが強いものですが（丁寧に伝えようとする方のことを誠実と言うのかもしれませんが）、丁寧であることがまわりくどくなってしまっては本末転倒です。簡潔でありながらポイントを外さない説明が優れた説明だと言えます。

○指示や説明が入りやすい状況づくり

「気になる子」は「周囲から見て気になってしまう子である」という意味で使っていることばですが、気になる子は「周囲の環境が気になってしまう子である」という場合があります。指示や説明を理解しようと思っても、そのことに集中できない状況であれば、それはかなり難しいミッションとなってしまいます。指示や説明が入りやすい状況づくりにも配慮したいものです。

ある人はことばよりも文字で伝えてもらうほうが情報がスッと入ってくるのですが、目や頭に入りにくいフォント（書体）があったり、しっくりするポイント数

（文字の大きさ）があったり、文字の色や背景の色の組み合わせにも好みがあったりします。またある人は、電気を消すなどして暗くしてもらえると周りの刺激が気にならなくなるので、話を聞くことに集中しやすくなると言います。本人といっしょに指示や説明が入りやすい状況を探っていく作業は、前向きで楽しいはずです。

○「ステキ」を伸ばす指示や説明　5か条

では、よい指示や説明とは具体的にどういうものなのかを整理してみます。これらはどの人にも当てはまる法則ではありませんし、相反する要素を持っているものもあります。しかし、どれかはヒットすると思います。そのヒットしたところを活用していけば、その子にとって最も適切な指示や説明の法則が形づくられてくるはずです。

指示や説明は伝わらなければ単なる独り言や雑音と同じですし、強引に伝えようとすると叱責に思われてしまいます。そうならないようにその子への法則を見つけたいものです。

その１「結論から示す」指示や説明
その２「１回にひとつ」の指示や説明
その３「目でわかる・目に浮かぶ」指示や説明
その４「名言や数字でわかる」指示や説明
その５「音の響きで感じる」指示や説明

拒否しているかのような行動の多くは、わかっていないための行動であることが多いので、意味が伝わればすんなり動くことが期待できます。わからせようと躍起になるのではなく、どう伝えたらわかってもらえるだろうかと楽しみながら工夫してみてください。そうしたら何度でも明るく試行錯誤しようとする気持ちになれますから。

1 結論から示す

「お茶を買いに コンビニに行きます」

□ よくある？ 光景

「ジャンパーを着ましょう」と言ってもなかなか動こうとしないお子さん。ジャンパーを着ることは一人でできるはずだし、何かに夢中になって終わ
れずにいるというわけでもない……。「ジャンパーを着る」という指示は
明確です。なぜ動けないのでしょうか。

□ どうしてそうなるの？ どうすればいいの？

「ジャンパーを着るのは当然のことながら出かけるためであって、時間帯によってだいたいどこに行くかの見当はついているだろう」と思っているのが周囲の見方。当のお子さんは「どこ行くの？」「たぶんあそこだと思うけれど、この前は違うところだったし」「病院とかに行くのならいやだな」「よくわかんないから動くのはまだやめておこう」と思っていたのかもしれません。あるいは、「ジャンパーを着ることはわかったけれど、それ以外のことはまったくわからないので思考停止しま

す」なのかもしれません。

目的がわからないために、実は不安で動けない（本人にそうした感情の自覚はないかもしれませんが）ことはよくあるのではないかと思います。とすれば、たとえば「お茶を買いにコンビニに行きます」や「雨が降っているので、車でお父さんを駅まで迎えに行きます」などの指示や説明を最初にすることで、目的がわからないという不安を取り除くことができるでしょう。結論を先に知ることの安心感は大きいのです。

もちろん、結論を先に知ってしまうことで、待てずにすぐ動いてしまう場合もあるかもしれません。指示や説明のタイミングを早すぎないようにすることも必要ですし、いすに座って話を聞くことで待てる場合もあります。いろいろな方略を組み合わせることで衝動的に動いてしまうリスクを減らしていきます。

□ こんな方法もあります

左の写真はある方へのスケジュール提示です。「手洗いして↓お茶を飲んで↓音楽を聴き→手洗いして→食事して→歯磨き→音楽を聴き」という流れが示されています。手洗いの後の予定が示されていますから、何のために手洗いをするのかがわかります。目的がはっきりしているのでそこに不安は生じません。

スケジュールは「結論から示す」指示や説明のアイテムとも言えます。

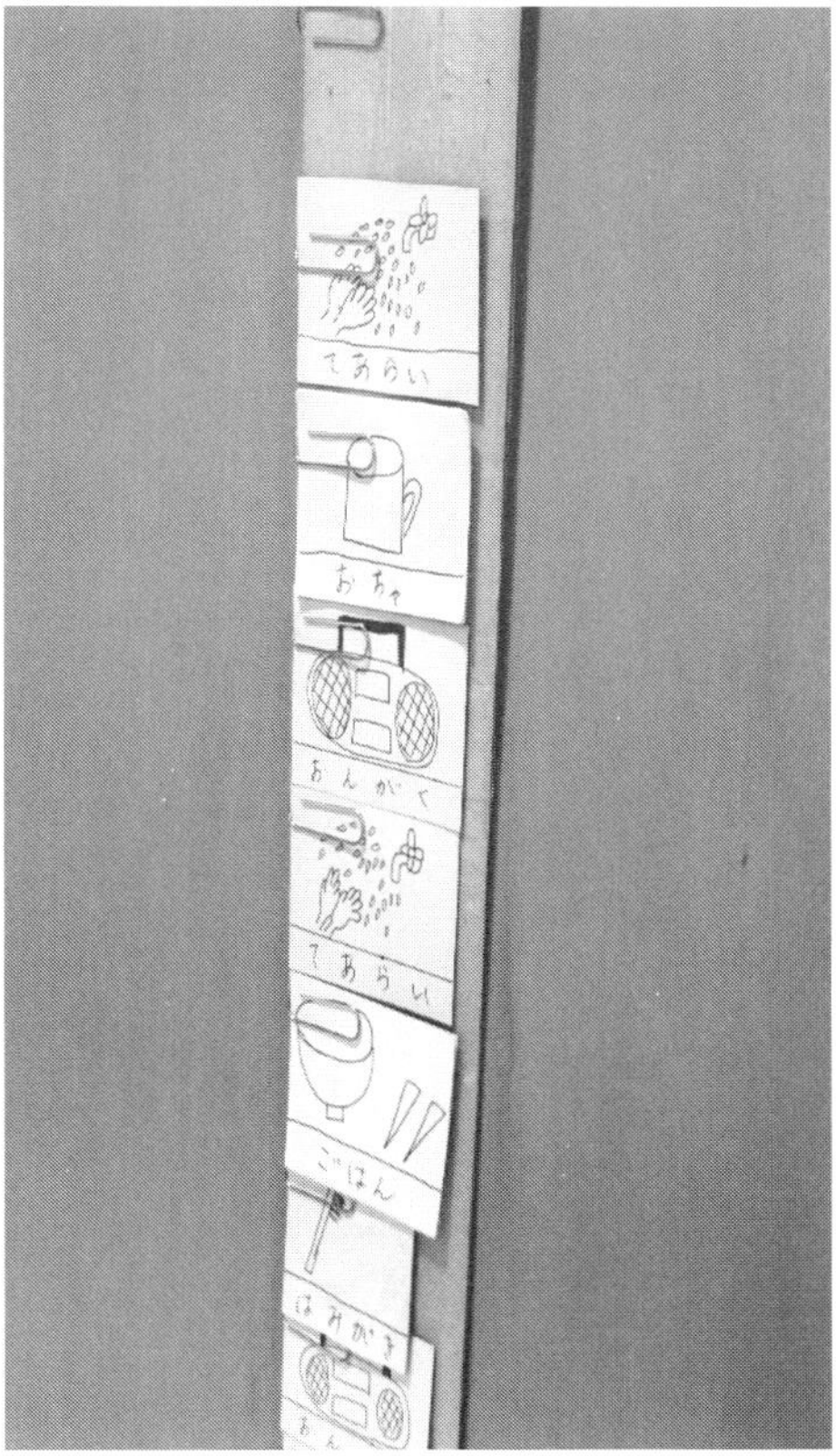

スケジュールは「結論から示す」
指示や説明のアイテム

2 1回にひとつ

「鉛筆を持ちます」

□ よくある？ 光景

「はい、教科書26ページを開いて、ノートは新しいページを出してくださ い。26ページの3行目からを小さい声で読みながら、鉛筆でキーワードに線を引こう。さあ、始め」

文字にすると「こんな指示なんかするはずがない」と思うかもしれませんが、こういう感じでワーッとたたみかけるように複数の指示を出してしまうことはけっして珍しくはないと思うのです。

また、「こういうときはこうして、ああいうときはああして、それでもうまくいかないときはこんなふうにして……」と、丁寧にくどくど長ったらしい説明をしてしまうことはありませんか？　そういうときって、自分がくどい説明をしていることに気づけていないのでよけい始末におえないのです。

□ どうしてそうなるの？　どうすればいいの？

指示を出すほうは、すべきこと（してほしいこと）がすべてわかって指示をしていますから、指示の量が多くても気にならないものです。しかし、何を指示されるかを事前に把握していない側からすれば、ひとつずつ指示してくれないと消化しきれないのです。

1回にひとつの指示をすることは、指示を出す側がかなりその意識を高く持っていないとできません。歯切れよく端的に指示を出す意識です。その意識を持って、前に示した例を言い換えるとしたら、「教科書26ページを開きます」「ノートの新しいページを出します」「鉛筆を持ちます」「26ページ3行目を指さします」「小さい声で読みます」「鉛筆でキーワードに線を引きます」となるでしょうか（この例だと、ひとつずつの指示に分けたとしても総量で6個の指示をしなければならないので、1回ずつ指示に対する反応を確認してから次に進む等の配慮は必要になりますが）。短くサクサクッと伝えることで、指示内容を消化できるので、その指示に対して体が反応しやすくなるのです。

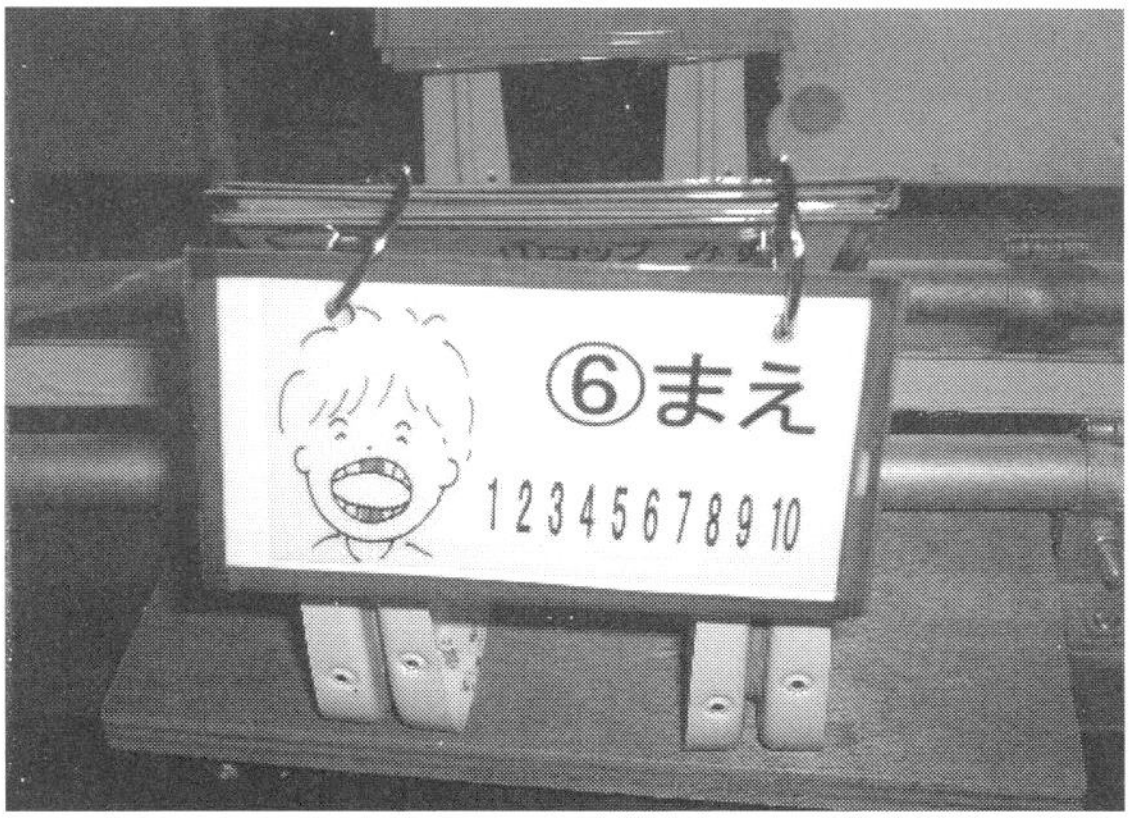

めくり式の指示書は「1 回にひとつ」の原則を踏まえたもの

□ こんな方法もあります

一連の手順を説明したり指示したりする場合、情報量はどうしても多くなるので、その処理が難しい子には、流れをめくり式にするなどして示し、「1回にひとつ」の原則を維持する工夫をすることがあります。一覧で示すと「1回にたくさん」に感じてしまう人もいますから。

3 目でわかる・目に浮かぶ

線画で伝えてみる

□よくある？光景

「もう1回言うよ。よく聞いて」「ゆっくり言うから、今度はちゃんと聞いてね」と言っていることはありませんか。知らない外国語をゆっくり繰り返し言われてもわからないものはわからないのと同じで、丁寧にやさしく言われれば言われるほど、聞いているほうはイライラしてしまうものです。

□どうしてそうなるの？　どうすればいいの？

話しことばは口さえあれば使えるので、コミュニケーション手段としてはとても簡便で使いやすいものです。人間は話しことば至上主義がどうしても染みついているので、ついつい話しことばに頼ってしまいがちです。「ことばは伝わらなければ意味がない」ということをかなり意識していないとなりません。特に指示や説明は具体的にその内容がイメージできなければ実行に移せませんから、とにかく伝わる方法を駆使することです。

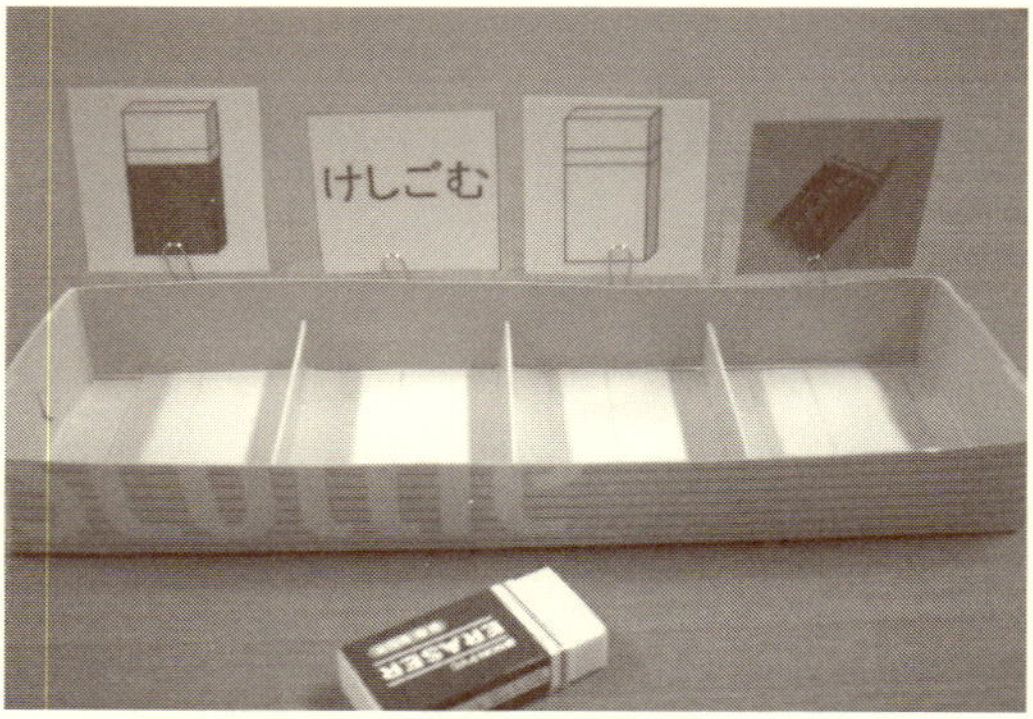

「どの情報が一番入りやすいのか？」を探る簡単アセスメント

ほとんどの人間は、大半の情報は目から入ってくるそうですから、視覚に訴えることは伝わりやすさを大いに助けます。

ジェスチャーでも絵でも写真でも使えるものは何でも使いましょう。スマホやタブレットの普及で、写真や動画はすぐに使える環境になってきましたし。

そのスタンスで伝え続けていると「線画が一番伝わりやすいな」とか「写真への食いつきがいい」「文字のほうがスッと入る」など、その子の〝母国語〟が見えてきます。たとえば、色付きの絵か文字か線画か写真か、どの情報が自分に一番入りやすいでしょうか。文字がわかっているから文字が一番というわけではないのですよ。

前頁の写真は、「どの情報が一番入りやすいのか？」を探る簡単アセスメントです。【色付きの絵・文字・線画・写真】のどの枠に消しゴムを入れたくなるかを調べます。絵をイラスト風にしたり文字を漢字にしたりするなど、選択してもらう情報はそのお子さんによって入れ替えるようにします。また、カードを並べ替えて数回実施するとより精度が上がります。

自分に一番スッと入ってくる物って人それぞれなので、実に興味深いです。15頁にも書きましたが、文字の場合には、フォントやポイント数、あるいは背景色と文字色との関係によって情報の入りやすさが違うという人たちもいます。「丸ゴシックが目にやさしい」とか「濃紺に白地の文字がとても見やすい」など、その人の好みを探るのはとても楽しいですよ。こうしたところに着目できるマニアックな支援者でいたいですね。

□ こんな方法もあります

動きのモデルを示すことは視覚的な伝え方のひとつです。しかし、話しことばと同様に「流れて消えていく」ものです。残らないのであとで確かめることができないという弱点があります。

動きのモデルを示すことに加えて、指示書やジグを提示することで伝わり方がより強固になります。ジグとは、作業などで材料を固定したり置き場所を示したりするものや、やり方のヒントを示すガイド的な道具の総称です。

次頁の上の写真は、紙を三つ折りにする方法を示したものです。下の写真は、紙を角のあるラインに合わせて置き、まず下の線まで折り、次に真ん中の線まで折ると紙を三つ折りにできるガイド的ジグの例です。

この指示書やジグを使って最初にモデルを示し、その後はご本人が指示書やジグを自分で確認しながら作業を進めることができました。視覚的な情報は「あとで確認できる」安心をもたらしてくれるものでもあります。

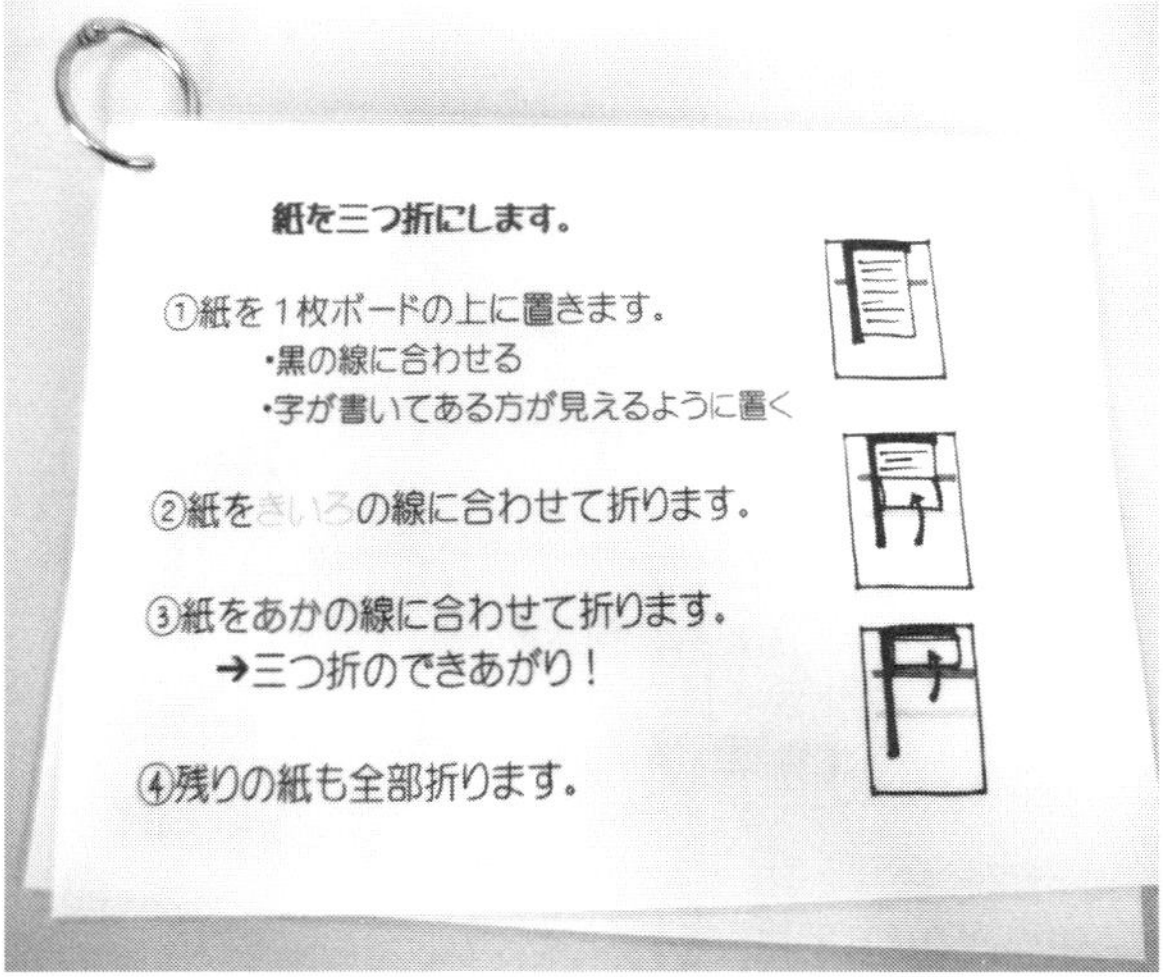

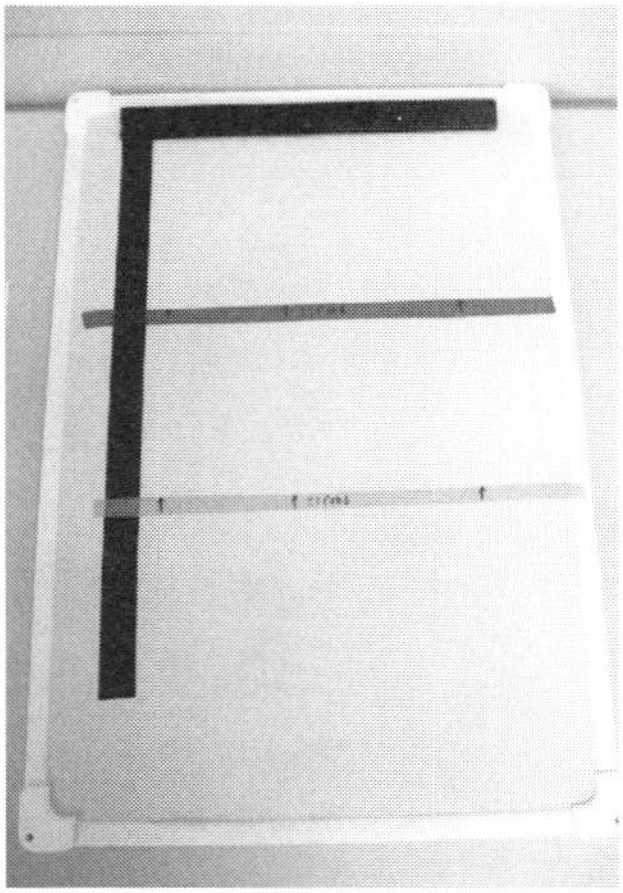

「あとで確認できる」指示書（上）とジグ（下）の一例

4 名言や数字でわかる

“1秒で視線を外すのが大人のやり方”

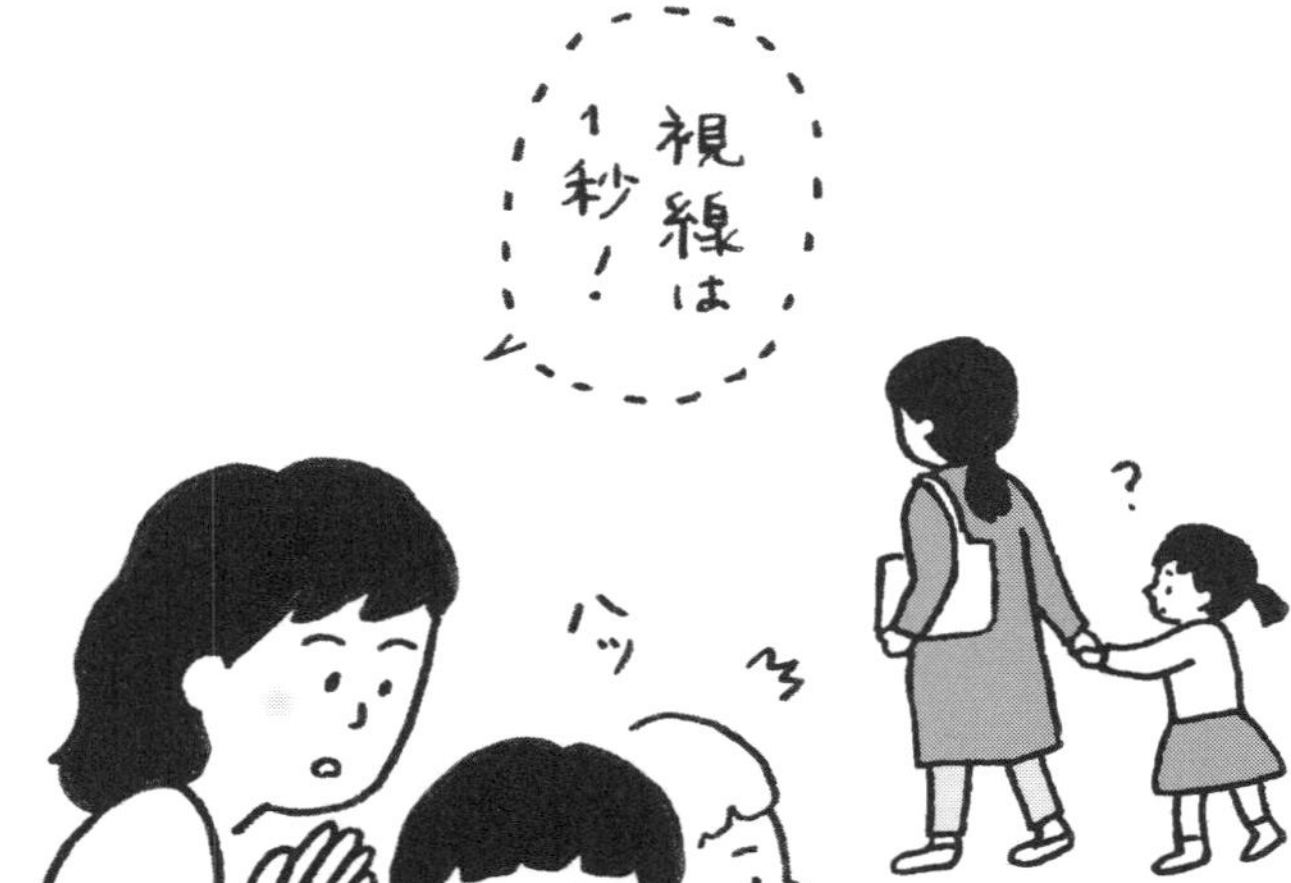

□ よくある？ 光景

「相手の人とはあまり近づきすぎないようにしましょう」「ジロジロ見てはいけませんよ」「ごみをたくさん拾ってください」などの指示をしていることはないでしょうか。わかるようでわからない、あいまいなことばが使われています。あいまいなことばがいけないというのではなくて、あいまいであるがためにその基準が一致しないことが問題になる場合があります。本人は指示にしたがっているつもりでも、指示した側の基準を下回っていたら認めてはもらえませんし、場合によっては「どうしてやらないんだ」とお叱りを受けてしまう可能性もあります。

□ どうしてそうなるの？ どうすればいいの？

情報の処理においては、人それぞれに得意な回路を持っていると思います。たとえば文系タイプ。ピタリとはまることばを見つけると納得できる人たちです。「相手の人とはあまり近づきすぎないようにしましょう」「ジロジロ見てはいけませんよ」「ごみをたくさん拾ってください」よりも、「『君子危うきに近寄らず』と昔からのことわざにあります」とか「チラ見の美学を追究しよう」とか「『美しさを護《まも》る』と書いて護美《ごみ》。さあ拾いましょう」などという伝え方をするとストンと落ちるかもしれません。

もちろん理系タイプもいます。数字が入ると着目度が上がったり、マニュアルが大好きだったり。「片手の長さ約60センチがギリギリの距離です」とか「1秒で視線を外すのが大人のやり方」とか「短い時間できれいにするには床に落ちているごみを20個拾えばOK」などという伝え方が響くかもしれません。

ちなみに情報処理タイプとは異なりますが、芸術・体育系タイプと呼びたい人たちもいます。イライラしてくるとジャンプしたり筋トレしたりすることで気分転換を図ったり、音楽やアートに癒やしを求めたりすることができる人たちです。

□ こんな方法もあります

複数のことがらを説明しなくてはならなくて、しかも視覚的な方法を使う状況にないときにどうしたらいいでしょうか。「今から３つのことを言います」と最初に伝えます。そうすると、頭の中に３つの枠組みのイメージができやすいのです。

３つを越えると難しいので上限は３つにしましょう。逆に３つの予告をしたのに２つしか言うことがなくなってしまったら……。そのときは「３つめは……、ありません」と言えば大丈夫です。たいていの人は笑って許してくれます。

5 音の響きで感じる

「ギューン、ギュッと絞《しぼ》る」

□ よくある？ 光景

「最初にこうします」「次にこうします」「途中でここにも気をつけます」……。確かに「1回にひとつ」の指示かもしれませんが、次々に浴びせられるとウザイ指示や説明になってしまいますね（指示や説明はもちろん善意で行っているのですが）。ウザイ指示や説明をされると、「うるさーい」と叫びたくなったり、逃げ出したりしたくなるのは当然のことです。

□ どうしてそうなるの？ どうすればいいの？

指示や説明をすんなりと理解してもらうために、これまで説明してきたように「結論から示す」「1回にひとつ」「目でわかる・目に浮かぶ」「名言や数字でわかる」等々の指示や説明を工夫するわけですが、それでも情報量がどうしても多くなってしまうことがあります。情報量が多くなるとその量に圧倒されてしまうので、その情報を取りにいかなくなってしまう人もいます。情報量はなるべく少なくして、でも情報はできるだけしっかりと伝えたい。そんなとき、先ほど紹介した文系タイプの人たちに有効かもしれない方法があります。それが「音の響きで感じる」指示や説明です。

たとえば、ぞうきんを絞《しぼ》る動作を教えるとしましょう。指示書を作ったり、「3回絞る」などの数字を示したりなど、いろいろな方法が考えられます。「ギューン、ギュッと絞る」というような音の響きを入れることで、絞ってさらに最後にもうひと絞りすることが伝わるのなら、実にありがたいことです。力強く拭《ふ》いてほしいときは「ゴリゴリ拭く」とか、やさしくドアをしめてほしいときは「ジュワーッとしめる」とか、ステキなことばを探してみてはいかがでしょう。その子にしか伝わらないことばだとしても、それがその子の〝母国語〟なのですからそれでいいのです。

□ こんな方法もあります

ダンスの動きを教えるときにどうしていますか。常に全体を流して覚えていくやり方や、部分に分けて覚えていくやり方、また、対面ではなく同じ向きになって動きを教えていく方法もありますね。文系タイプの人たちには、その動きをことばにしていく方法が使えることがあります。

♪ ウンウンウンウンウン、右ワオ左ワオ前ワオ前ワオ……

これっていったい何の動きでしょう？　某キャラクターが楽しく体操している動きをことばにしたものです。このことばで歌いながら踊ると、動きを覚えようと必死にならなくても意外に踊れる人たちがいますよ。

第2章

元気にする ことばがけ

まず、原則を整理しましょう

○元気になるためには何が必要か

元気になるためには健全なエネルギーの補給が必要です。健全なエネルギーは3つの獲得ルートがあります。

【その1】物のエネルギー

好きなことばかりするのは問題かもしれませんが、何かをがんばった後に好きなことをしたり好きな物を得たりするのは、その好きなことや物が合法であれば何の問題もありません。そのためにがんばるのは実に健全なことです。

【その2】所属のエネルギー

組織や集団の中で所属感を味わえていると、そこに所属していること自体がエネルギーになります。逆に、その所属先に「ただいるだけ状態」ではエネルギー補給どころか、逆に消費してしまうことになりますが。

【その3】人のエネルギー

ほめられることで自分への自信が高まり、それが前に進むエネルギーとなります。

拙著『発達が気になる子の「ステキ」を伸ばすかかわり方』の中で、私が大切にしてきたほめ方を7つにまとめています。

【ほめ方の7つのポイント】

① あたりまえのことをほめる
② 同じことを何度もほめる

③　複数の人が同じことをほめる
④　そこそこのほめ方をする
⑤　1対1でほめる
⑥　ほめ逃げする
⑦　記録に残す（可視化する）

「ほめられたことがない」と言っているお子さんと、「ほめてきたのに……」という大人。よくある構図なのですが、本人の記憶に残っていないのであれば、どんなにほめていたとしても、ほめていないのと同じことなのです。効果的なほめ方ができるのならそのほうが絶対お得です。

これも拙著『発達が気になる子の「ステキ」を伸ばすかかわり方』の中で書いたことですが、改めて。

ほめことばは潤滑油の中で最も高品質の潤滑油です。気になる子たちは、うまくいかない自分に苦しんでいます。ほめてほしいときっと願っています。ほめられたらその気になりますよ。いい潤滑油を与えてあげてください。

では、次の頁から、ほめ方の7つのポイントを踏まえたちょっとしたほめ方のコツを紹介していきましょう。

1 適当にほめる

「ごはん食べて えらいねえ」

□ よくある？ 光景

「ほめようと思っているのに、気づいたらほめることなく1日が終わってしまいます」「よし、今日はたくさんほめるぞ、と思っているのになかなかほめられません」「一生懸命ほめているつもりなのですが、あまりいい反応が返ってきません」などなど。そんな悩みを抱えている人はいらっしゃいませんか？

□ どうしてそうなるの？ どうすればいいの？

うまくほめようと思ったらうまくいかないのですよ。なぜなら日本ではほめる文化が薄いから。もともとほめるのがうまくない国民性なので、うまくほめようなんて思わないことです。つまり〝適当に〟ほめればいいのです。その適当のヒントが《あたりまえのことをほめる・同じことを何度もほめる》にあります。

極論みたいに聞こえるかもしれませんが、「よく学校に来たねえ」「ごはん食べてえらいねえ」「座っていてすごいねえ」など、あたりまえのことをただ伝えればOKです。あたりまえにできているってすごいことですから、迷わずほめていいのです。目に見えたことに「えらいねえ」とか「すごいねえ」を付けるだけ。特に感情を込めなくても大丈夫ですよ。ただ伝えればいいのです。それを次の日もその次の日も繰り返してください。「今日もよく学校に来たねえ」「いつもごはん食べてえらいねえ」「毎日座っていてすごいねえ」と、ほめ方が自然に進化していきます。そのうち、ほめることがうまくなっているはずです。

そして、それを《複数の人が同じことをほめる》と効果は倍増、3倍増ですし、伝えられているお子さんも「自分って、そこがいいところなんだ」と思うようになってきます。自分のことは見えないので、自分のよさも見えていません。だから周りから注入していく必要があるのです。

□ こんな方法もあります

「適当にほめる」ことの意義として、「相手の反応を期待しない」ということがあります。ほめるのがうまくない人って、相手のリアクションを待ってしまうんですよ。それダメです。ほめことばは一方通行でいいのです。リアクションを期待されたら、それはほめられた感よりも圧力しか残りません。

ほめるって、わかってもらうものではなく、こちらが伝えたいから伝えるものだと思います。独り言みたいなものです。そして、そのくらいでいいやと思っているほうが、なぜか相手に伝わっていきます。

2 ぼんやりとほめる

「けっこうすごいね」

□ よくある？ 光景

「がんばったね。一番だ」「すごいね、日本一！」「１００点です。えらいです」などと伝えることがありますよね。大きなほめ効果があがることが期待できることばです。ただ、効果があがる反面、リスクも生じます。一番や１００点にこだわってしまうリスクです。

□ どうしてそうなるの？ どうすればいいの？

「もし二番でも三番でも、90点でも80点でもそれに近いのだからＯＫ」と思える人ならば、一番や１００点ということばはとてもいいパワーワードになります。しかし、白か黒かで考えてしまいがちなタイプにとっては危険ワードです。元気を出してもらいたいのに、そのことばがけが元気を奪ってしまうのは避けたいですね。

たとえ元気を与えられなかったとしても元気を奪いさえしなければいいのだというのが、ほめことばに関する私のスタンスです。とすれば、あえてぼんやりとしたほめ方をするのが得策だと言えます。それが《そこそこのほめ方をする》ということです。

日本語には、ぼんやりながらもほめたい思いを伝えられることばがたくさんあります。「けっこう」「なかなか」「まずまず」などを付けて伝えると、いいぼんやりになりますよ。「けっこうすごいね」「なかなかがんばったね」「まずまずいいとこいってますよ」等の伝え方を駆使してみましょう。

また、「しぶい」「粋《いき》だね」など、風情《ふぜい》のあることばを使うのもいいぼんやり感を醸《かも》し出します。

英語を活用するのもいいです。「ナイスですね」「グッジョブです」「エクセレント」など、英語本来の意味合いはいろいろとあるのでしょうが、日本語ではないという適度なぼんやり感がありますし、日本語にはない音を心地よく感じる人も多いのです。

□ こんな方法もあります

数字にヒットする理系タイプには、どのようなことばがけの工夫ができるでしょうか。数字を使いながらもぼんやり感を出すにはどうするか。私が使ってきたフレーズをいくつか紹介します。「ほめられたのかどうかよくわからないけど、少なくとも悪い気はしない」ようにほめられたらいいなと思っています。

「なかなかいいね。日本でベスト３００には入っていますよ」

「合格ラインからプラス２割増くらいのレベルにあると思っていいですね」

「テストの点数は１回の点数で判断するものではなくて、通算で判断したらいいよ。１年間で３０００点越えたら殿堂入りということにしよう」

3 ほめ上手な人は印象を残す

去り際にほめて
いなくなる

□ よくある？ 光景

「みんな、○○くんがこんないいことをしました。拍手！」。でも、当の○○くんはわれ関せず……。「最後までやりきってとてもえらかった。その調子！」。本人からは「うるせーな」の返答……。ほめているのにこんな反応だと、心が折れそうになりますよね。

□ どうしてそうなるの？ どうすればいいの？

みんなの前でほめられる——多数派の子どもたちとっては確かにいい場面です。しかし、自分・相手・その他の人たちという多くの登場人物がいる空間ではうまく振る舞えない少数派の子どもたちにとっては、なかなか複雑な場面です。自分に言われているのかどうかもよくわからない子もいるでしょうし、ほめられてうれしすぎてハメを外してしまう子もいるでしょう。

支援業界には「ほめことばはみんなの前で」という格言（？）がありますが、少数派の子どもたちには、《1対1でほめる》ことが格言になるべきだと思います。1対1でこっそりほめられるほうが、他者の前での振る舞いというよけいなことを考える必要がありません。実にシンプルな状況をつくることができます。

ほめるほうにしても、周りから「ボクだってそのくらいがんばっているのに、どうしてあの子だけほめるの？」などと思われる心配をすることなく、ほめたいことをほめることができます。

ほめられたときのリアクションが下手な子がいます。ほめられたらどう反応すればいいのか、実は教えられていないことが多いので、悪気なくヘンテコな反応をしてしまう場合もありますし、照れ隠しが激しすぎるがために好感度の低い反応をする場合もあります。

反応が上手じゃないのであれば、反応させなければいいのです。つまり《ほめ逃げする》ということ。去り際にほめていなくなることで、ほめられた印象をくっきりと残すことができるのです。

〇〇さんへ

あなたはよく言う。

「わたしにはとりえがない」「わたしは誰も幸せにしていない」

ぼくはよく言う。

「とりえがないと言えるのがとりえです」
「幸せにしなくていいです。不幸にしなければいいのです」

あなたはけっこういいやつです。これはまぎれもない事実です。

加藤　潔

同じような文章のリズムを活用したほめる文章の例

□こんな方法もあります

さらっとほめた後で、メールや手紙などを活用して同じことを伝えるとより印象度があがります。《記録に残す（可視化する）》という作戦です。文章で伝える場合には、同じような文章のリズムを活用して、読みやすくかつ印象に残りやすくする工夫を私はよくしています。

4 何でもほめようとする

「まちがいなく
謙虚ですね」

□ よくある？ 光景

「どうせ私はダメな人間ですから」「ほめられても、うそだとわかっているのでうれしくありませんし」等々、落ち込みのループにはまっていく人たちがいます。暗いムードが漂い、どう考えても雰囲気を変えるきっかけを見出すことが難しい状況です。

□ どうしてそうなるの？ どうすればいいの？

ネガティブなことばしか発していないとしても、人と会っているわけですから、実は何らかのエネルギーをもらいたいはずだと、まずは思うようにしましょう。しかし、たぶん、今までの人生経験の中で、「人生とは苦しいものなのだ」みたいな説教じみたメッセージをたくさんもらったり、「そんなことではダメだ」という叱責めいたことを言われたりした経験があるので（もちろん、相手の人にはそんなつもりはないのですが、本人がそう感じてしまっているとそれが真実になってしまうのです）、相手からの働きかけに対し、身構えてしまっているのだと思うようにしましょう。

そのガードを外すにはどうすればいいでしょうか。イソップ童話の「北風と太陽」のように北風を吹かせてもますますガードは堅くなります。やはり太陽の光しかないのです。でもいきなり暖かくはなりませんから、そこはじわじわと。

ある人（Ａさんとしましょう）とのやりとりです。

加　藤「自分のいいところをひとつあげるとしたら、どんなことですか？」

Ａさん「いいところなんてひとつもありませんよ」

加　藤「なるほど。まちがいなく謙虚ですね」

Ａさん「……」

それ以上は突っ込みません。さっと次の話題へ移ります。最後にこちらがほめて終われば大勝利なので。Ａさんとは、このようなやりとりを繰り返していましたが、あるとき……。

加　藤「ところで中学校のときの思い出をひとつ思い出してみてください」

Aさん「いじめられた思い出しかありません」

加　藤「強い人ですね」

Aさん「えっ？　そういうのを強いって言うんですか？」

初めての反応でした。ようやくガードを外してもいいと思ってくれたのかなという気がした瞬間です。

□ こんな方法もあります

直接伝えなくても、人づてに伝えてもらう方法があります。「加藤さんが言ってたよ……」とだれかに話してもらえばいいのです。

直接相対することで緊張してしまい、ほめられたことが染みこんでいくだけのゆとりが持てない人もいます。人づてに伝えられることで、認められている自分を一度冷静にとらえやすくなります。そこからじわじわと自分の中に染みこませてくれればいいのです。太陽作戦は、ゆっくりじっくりいきましょう。

第3章

マイナスにしない ことばがけ

まず、原則を整理しましょう

○ ことばがけがマイナスになるとき

ことばがけは、相手に何かを伝えたいと思って行うものです。また、その人に対してプラスの効果を期待して行うものでもあり、少なくともマイナスになってはいけないのです。

では、ことばがけがマイナスになるときはどんなときでしょうか。

【ことばがけがマイナスになるとき　たとえばその1】

せっかく活動に集中しているのに、それを妨げるようなよけいなことばがけをしてしまっているとき。よかれと思ってことばがけをしているのでしょうけれど、邪魔以外の何物でもないという、実に残念な状況です。

【ことばがけがマイナスになるとき　たとえばその2】

お子さんがした行為や行動がよくなかったときにそのことの説明をする際、否定や批判が強く出てしまう場合。感情が出てしまうのは人間のさがではありますが、伝えたいことが伝わらなくなっては元も子もありません。

【ことばがけがマイナスになるとき　たとえばその3】

注目を惹こうとものすごいパワーでかかわってくる人がいます。ものすごくしつこい、と言い換えてもいいのですが。中途半端に反応するととどまるところを知らなくなり、かといって無反応を決め込むと、反応をこじ開けるためにますますパワーが増大するので、もう大変。ついつい「うるさーい。いいかげんにしなさい」と声を張り上げてしまいたくなります。

【ことばがけがマイナスになるとき　たとえばその4】

お子さんが自分の感情を整理できずに、荒れたり暴れたりしてしまうこともあるでしょう。なんとか早く落ち着かせたいと思うのは当然の気持ちです。問題は、どうするのが早く落ち着けるのかということですが、なんとかしたいと思うがあまり、ことばがけが多くなってしまうことがあるかもしれません。それで落ち着いてくれるならいいのですが、なかなかそうはいかないものです。

ひとつめの「たとえば」は支援する側がマイナスの状況を作り出してしまう例ですが、残りの3つの「たとえば」は、もともとのマイナスの状況をどのように打開するかという視点で考えることになります。

しかし、そうは言っても、マイナスからプラスに転じる魔法のようなことばがけなんてあるわけがない。少なくとも私にはそんな高度なスキルはありません。であれば、これ以上マイナスにしないことばがけを考えればいいのです。今よりマイナスに向かわなければいいと思うことです。

「何を無責任に、いいかげんなことを言っているんだ」というお叱りの声が聞こえてきそうですが、「マイナスにさえ向かわなければ、人はたとえ苦しい状況であっても前に進もうとすることができる。下げ止まっているのだから前を見るしかないはず」というのが私の人生観であり、経験値です。

では、この4つの「たとえば」をひとつずつ取り上げていきましょう。

1 活動の邪魔をしないことを何よりも優先する

見守るだけでよい

□ よくある？ 光景

一生懸命課題に取り組んでいる子がいて、思わず「すばらしい！」とことばをかけるのはよくあることだと思います。良心的な行為のはずなのに、ことばをかけたことによって活動への集中が途切れてしまい、こちらへの話しかけが多くなったりチラチラ見ながら気にしたりと、ほめたつもりが逆効果になってしまったことはありませんか。

□ どうしてそうなるの？ どうすればいいの？

ほめることは間違いなくいいことではあります。活動中にほめることで集中の持続が高まる期待もあるわけですから。ところがこのお子さんにとっては、そのことばがけが持続ではなく停止を促すものになってしまったということです。どうやら「ながら族」にはなれないタイプのようですから、「ほめられながら活動する」ことが不得手なため、「ほめられたらほめられることにロックオンしてしまった」ので

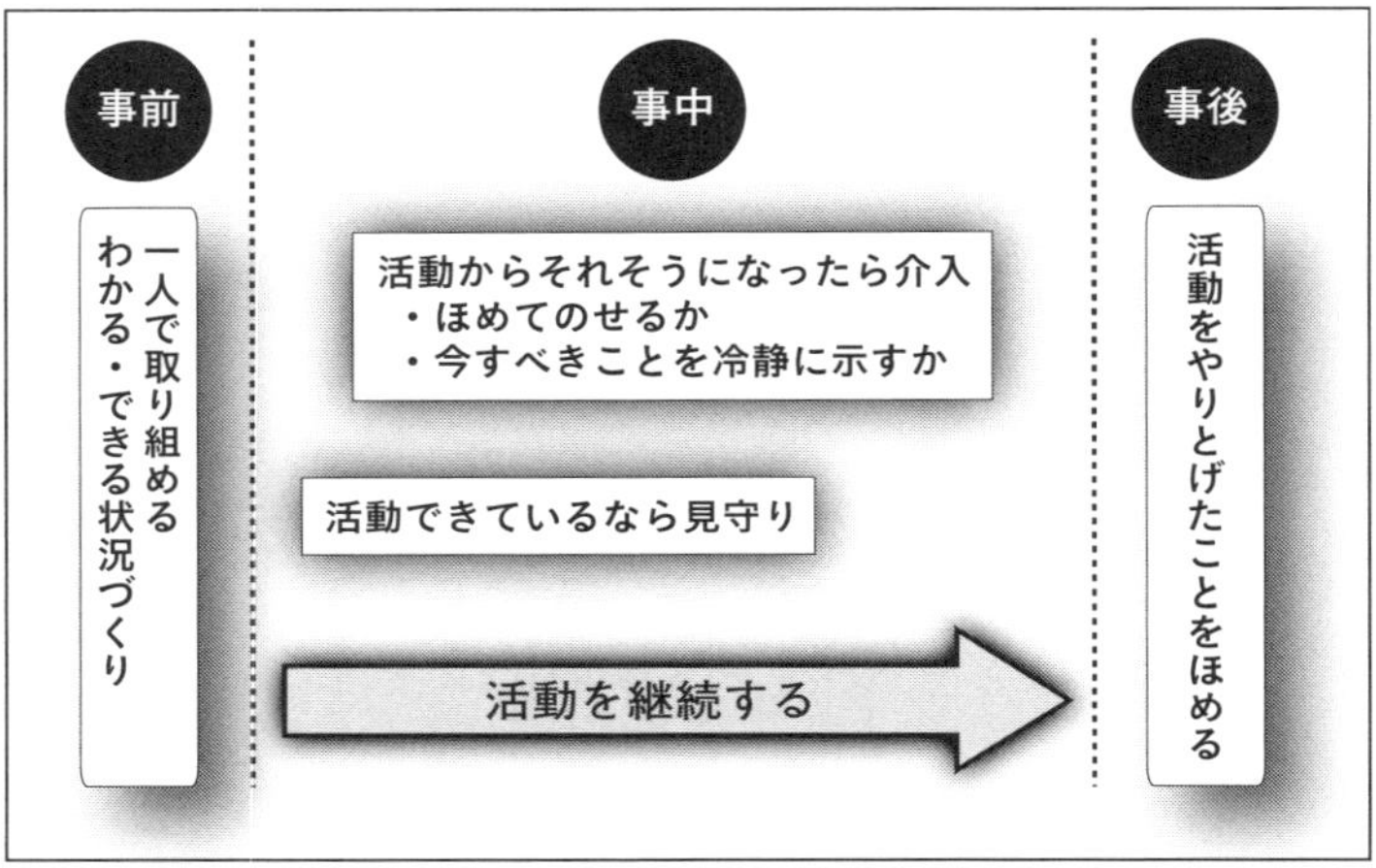

支援の流れを「事前・事中・事後」
の視点から整理するとこうなります

活動の手が止まったと考えられるでしょう。そういうタイプだとわかったのですから、次回からは活動が終わった瞬間にほめればいいだけのことです。

では、ここで支援の流れを「事前・事中・事後」の視点から整理してみましょう（上図）。

活動を継続することが最も優先すべきミッションです。そのために一人で取り組めるためのわかる・できる状況を事前に準備します。その状況がうまく機能しているのなら見守りをしているだけでOK。見守りができる状況は、支援者として最高の仕事です。しかし、活動からそれそうになったら活動を持続するための介入をしなくてはなりません。言い換えるなら、見守りができない状況になったら介入し再び見守りができる状況をめざすということです。そして、やりとげたことをほめる。これが支援の流れと言えます。見守りができるときはよけいな介入はしないことです。

□ こんな方法もあります

支援の仕事をしている人間は、見守っているつもりでも距離が近すぎたり大きい独り言を言ったりしているものです。見守るときにどの場所にいるのがいいのか、見守りは黒子のようにできるのがいいという前提に立って考えてみましょう。

見守りに適した位置というのは、本人が注意を向けやすい位置にいないということになります。とすれば、本人が最も注意を向けやすい位置を把握しておけばいいですね。それが対面なのか、斜め45度なのか、横なのか、あるいは背後なのか……。教えるときは注意を向けやすい位置を活用し、見守りたいときはその位置をはずせばいいのですから。

2 肯定的ワンフレーズを見つける

「言うだけなら大丈夫」

□よくある？ 光景

何を思ったのか、突然物を投げつけてきたお子さん。それが今までに何度もあるとしたら、どんなにりっぱな人でも時には「このやろー！」と思ってしまうことはありますよね。「○○はどうしていつも悪いことばかりするんだ」とか「何度言ったらわかるんだ」とかついつい感情的な表現をしてしまうかもしれません。

□どうしてそうなるの？ どうすればいいの？

いわゆる「叱る」ということばがけは、一時その行動を止めることまではできます。しかし、気になる子たちは、ではどうすればいいのか、求められている行動は何なのかまでがなかなか見えないので、同じことを繰り返してしまうのです。

叱るということばがけは、《叱る→やめる→すべき行動を理解する》という２つ先までをすぐに理解できる人ならいいのですが、それが難しいタイプの人たちには、叱られたイメージだけが残ってしまうことになります。だから、「ダメ」の前に期待する行動を伝えることのほうがはるかに届くのです。毎回「ダメ出し」するよりも、毎回「これならいい出し」するほうが精神的にも健康です。肯定的ワンフレーズが見つかるといいですね。

「小さい子を殴りたい」と興奮して叫ぶ男性がいました。周囲の人たちは「そんなことを言ってはいけません」という伝え方をしていましたが、それではなかなかおさまらず……。

私がその人にお伝えしたのは「言うだけなら大丈夫」のワンフレーズでした。すべき行動を「言うだけにする」にしたのです。あとは、「小さい子を殴りたい」「言うだけなら大丈夫」のやりとりの繰り返しです。そのうち、そのやりとり自体がおもしろくなったのか、「ほんとに殴らないけどね」というフレーズを最後に本人が言うようになりました。

ワンフレーズだからこそ、自分の行動をそのフレーズに近づけやすいのかもしれません。過激な発言をしてしまいがちなタイプには試してみる価値はあると思います。

□ こんな方法もあります

そうは言っても肯定的ワンフレーズがなかなか見つからないこともあるでしょうし、してしまった行為に対して何らかの指導をしたほうがいい場合もあるでしょう。その子が悪いのではなく、してしまった行為が悪かったということはわかっているのですが、感情的な表現をしてしまうと、その子が悪いという色合いがどうしても強くなってしまいますね。だから、口に出してしまった後で後悔してしまうのです。

心がけることは「○○はいい子だけれど、今回の行為はよくない。その理由は……」という伝え方です。伝え方を気にかけるだけで、冷静さを維持しやすくなります。そして、「その理由は……」の部分は、もちろん指示や説明の原則（第1章参照）を活用します。

3 万能のあいづち

「ヘー・フー・ホー」

□ よくある？ 光景

何度も何度も同じやりとりを求めたり、自分が興味ある話題だけを延々と話し続けたり、いつでもどこでもそれを繰り返したり、「気持ちはわかるけれど、勘弁してよ」と思ってしまうことはありますよね。それほど聞きたくない話を聞かなければならない状況はかなりのエネルギーを要します。だから、ついイライラしてしまうのです。

□ どうしてそうなるの？ どうすればいいの？

だれかにコミュニケーションしようとすることは悪いことではありませんから、そのマインドをつぶさないようにはしたいです。かといって、今すべき活動をそっちのけで話し続けるわけにもいきません。話題によっては、どう反応するのがいいのか迷うこともあるでしょう。犯罪に対する興味などを語られたら、肯定するのもいやだし、「そんな話をしてはいけません」と頭から否定してしまうと、コミュニケーションしたいというマインド自体を否定してしまうことにもなりかねません。

そんなときは、万能のあいづち「ヘー・フー・ホー」を使ってみてください。否定もしないし肯定もしない、だけど話は聞いているあいづちです。「へえ～」とか「ふーん」とか「ほう～」とかだけでやりとりしましょう。語尾を伸ばしたり、短く言ってみたり、声の大きさを変えたりするとバリエーションがさらに広がります。

たまに「ちゃんと聞いているんですか」と突っ込んでくる人がいます。そのときには「ボクが『ヘー・フー・ホー』と言っているときはちゃんと聞いているときなんですよ」と答えていましたね。

□ こんな方法もあります

お話ができる時間を設定し「この時間にお話しします」という新しいルールを提示するのがおそらく王道のアプローチだと思います。話せる時間を保証することで、話すことができない時間があることを学んでいくのです。その話せる時間で「ヘー・フー・ホー」も有効に活用してください。

しかし話すことができない時間にももちろん話したいはずなので、最初はあの手この手で話しかけてくるでしょう。それでも「この時間にお話しします」を愚直なまでに伝え続けます。

少なくとも3日間はしつこいパワー全開でやってくることが予想されます。その3日間を耐えしのぐことができるかどうかです。多くの場合、3日過ぎれば「これからはこのルールなんだな」と納得してくれますが、途中でお話要求に応じてしまったら「ルールは自分の都合のいいように変えることができるんだ」という誤学習をさせてしまうことになります。

そうなると、同じような状況が次にあったとして、3日間では済まなくなるかもしれません。「こちらの我を通せばルールは変えられる」という、ちょっと困った成功経験をもってしまっているから、自信を持って抵抗できるのです。「勝負の3日間」を忘れないでください。

4 それも、ことばがけ

嵐が過ぎるのを待つ

□ よくある? 光景

「パニックになったとき、どんなことばがけをすれば早く落ち着きますか?」という質問をいただくことがあります。早く落ち着かせたい思いは確かによくわかります。パニックを間近で見ているのはつらいですし、その時間はとても長く感じますから。でも、そんな魔法みたいなことばは……、少なくとも私の辞書にはありません。

□ どうしてそうなるの? どうすればいいの?

まず、パニックについて改めて整理しておきましょう。私は「苦痛や不安などのマイナス要因が許容量を超えたときに起こる現象。泣き叫びや自傷、他害、あるいはフリーズなどの行動として現れる」と定義しています。そして、混乱のパニックと学び直しのパニックの2種類があると考えています。

混乱のパニックは混乱させたほうの責任です。そうならないための予防対応が重要です。また、成長段階においては今までとは異なる新しいルールを導入しなくてはならないことが想定されますが、新しいルールを受け入れる経過の中でパニックになってしまうこともあるかもしれません。それが学び直しのパニックですが、本人の今後の人生を考えてのルール改定ですから、大人も子どももいっしょに乗り越えていきましょう。前項でも書きましたが、「勝負の3日間」です。

さて、パニックになってしまったら……。

どうにもなりません。嵐が過ぎるのを待てばいいのです。最優先は安全を確保すること。そして、早く立ち直ることよりも自分で立ち直ることを重視すべきです。パニックの最中に人が介入することで、その刺激が嵐を増長させてしまいます。よけいな刺激をしなければ嵐が増長することはないので、徐々に収束していきます。つまり、何もしないことが一番やさしいことばがけになるのです。

パニックがおさまったら、パニックによって中断していたスケジュールから再開してください。何もなかったことにしましょう。「何もしない」「何もなかったことにする」——それが本当のやさしさだと思います。

改造した押し入れの中で落ち着こう

□ こんな方法もあります

パニックになったとき（あるいはなりそうなとき）、心と体を落ち着かせるための空間を用意して、立ち直るまでそこで過ごすように促すという方法があります。

上の写真は、押し入れスペースにラバーを張り、パニックになってしまったときに中に入って落ち着けるようにしたものです。

パニックになっている姿を他の人に見られないようにしてあげるのもやさしさです。パニックになってしまうとなかなか動けないので、パニックになる前にその空間に移動する練習を小さいときからしておくと、パニックと上手に付き合える大人になれると思います。

第4章

ことばを引き出す
ことばがけ

まず、原則を整理しましょう

○コミュニケーションの特性

前章までは、私たちから気になる子たちへ行うことばがけについて整理してきました。彼らの母国語を探り、その母国語で伝えていこうとするわけですが、それは、彼らからすると受容コミュニケーションということになります。相手の伝えようとする意図が理解できると安心感が高まりますが、自分からも発信できたほうが人生はより楽しい。そして、その発信はいろいろな人に誤解なく伝わるほうがいい。それが表出コミュニケーションです。

ちなみに、応答のコミュニケーションは自発的な表出コミュニケーションとは同一に考えません。もちろん応答できることは大事なスキルではありますが、アプローチされなくても自分から必要なコミュニケーションを適切に開始できるかどうかを表出コミュニケーションの支援においては最重要視したいのです。なぜなら、相手や状況（つまり文脈）が変わっても伝えられることがサバイバルスキルとなるからです。気になる子たちが使えることば（母国語）で自ら相手に伝える成功経験を重ねていきます。

コミュニケーションはマインド勝負ですから、伝えることが面倒になったらもう伸びません。欲ばらず確実に、目標や場面を絞り込んでいく必要があります。この章では、気になる子たちのことばを引き出すための考え方について述べていきます。

気になる子たちはコミュニケーションができないわけではなく、多数派のコミュニケーションスタイルとは異なる特性を多く持っていると言えます。多数派のコミュニケーションスタイルの中ではその異なる特性がコミュニケーションの難しさを引き起こしてしまうので、気になる子たちのコミュニケーションの特性を理解しようとすることから始めなくてはなりません。私は、コミュニケーションを「特定の個人間における、人とのメッセージのやり取りを可能にするもの」と定義していて、その種類を《表出コミュニケーション・受容コミュニケーション・情感コミュニケーション》の3つに分けています。表出コミュニケーションと受容コミュニケーションによって「伝え合う」ことができ、その積み重ねによって情感コミュニケーションが高まり「わかり合う」ことができます。

【表出コミュニケーション】

○ 場所や相手によって、表現方法や内容が異なることがある。
○ 独特なイントネーションや独特なことばの使い方をする。あるいはひとつのことばでいろいろな意味を表現してしまう。
○ 人に対して表現しようという気持ちが乏しかったり、あるいは一方的だったりする。
○ 答えることはできるけれど、自分から伝えられない人も多くいる。また、わかっているけれどうまく伝えられない人も多くいる。

【受容コミュニケーション】

○ よく話す人でも、他の人が話すことはなかなか理解できないことがある。

○ 耳からだけ入る情報を理解することが難しい場合がある。

○ ことばの理解が乏しくても、状況や経験からなんとなくとらえて行動できてしまうことがあり、「ことばがわかっている」と誤解されてしまうことがある。

○ 字義通りのことばの理解の仕方をする場合がある。

○ 行動を促せなかった場合、「拒否」ではなく「伝わらなかった」とまず考えてみることが大切である。

【情感コミュニケーション】

○ 仲良くなったらコミュニケーション支援が進むのではなく、コミュニケーション支援が進んではじめて仲良くなれる、そういうタイプの人たちが多い。

・たとえば、「やさしい」とか「明るい」とか多数派が信頼を寄せる要件よりも、わかりやすい情報を提供してくれる人間を信頼する。

・伝えられる手段を整えてくれる人間を信頼する。

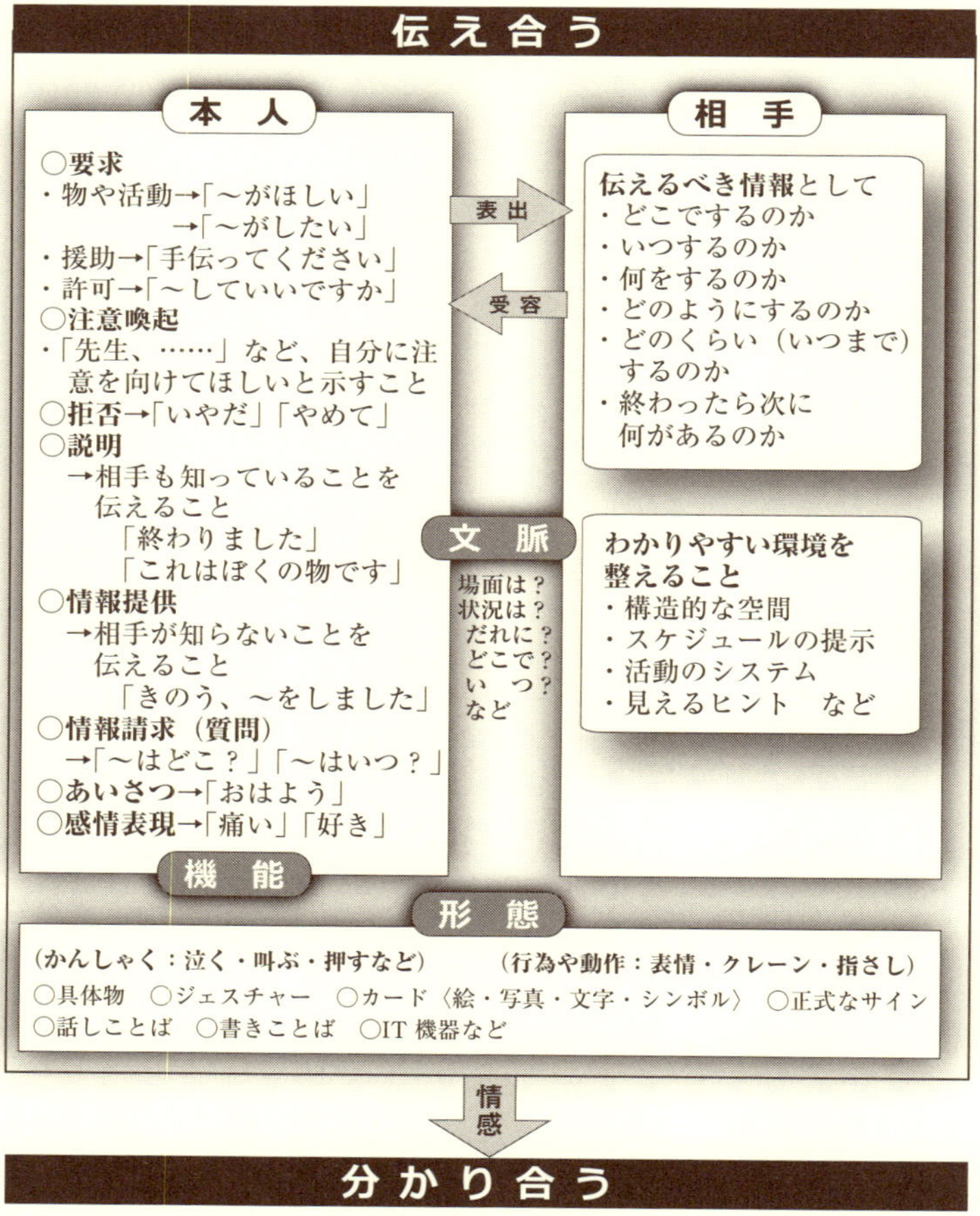

コミュニケーションを整理するとこうなります

図に示すと右のようになります。

○自発的な表出を促すために

表出するための母国語を何にするか。表出と受容のバランスが異なる子も多いので、私たちが行うことばがけの母国語と表出の母国語が一致するとは限りません。ですから、表出コミュニケーションの支援を行う際には、改めて表出の母国語を探る営みが必要になります。図で言うと、形態として何を採用するかということになります。かんしゃく、行為や動作については、新たに教えることば（母国語）ではないので（ ）表記にしています。たとえば、拒否をかんしゃくで伝えなさいとは教えませんし、表情や指さしだけでは要求が明確に伝わらないことがありますよね。ですから、かんしゃく、行為や動作は、別の形態へと変化させていきます。

さて、機能についてですが、どんな人間でもこの図に示した機能しか持ち合わせていません。違いがあるのは語彙数や表現のバリエーションだけ。もちろん、すべての機能を有していない人もいます。だとしても、持っている機能で持っていない機能を代替できることがあります。たとえば、したくないことがあるけれど拒否の機能を持っていないとしましょう。要求の機能があれば、したくないほうではないことを「こっちをしたい」と伝えることでしたくないことを回避できます。また、相手が知らないことを伝える情報提供の機能を持っていないとしたら、説明の機能でそれを補うのです。昨日のできごとを伝える情報提供がうまくできないとしたら、昨日のできごとの写真を見てそれを説明すればいいですよね。

表出コミュニケーションの支援をしようとしたとき、把握しておかなければならないのは、《機能・文脈・形態》の3本柱です。いくつかの観察場面から、どの機能がどの文脈でどの形態を使って自発的に表出されているかを把握しておくのです。気になる子たちの多くは、表出コミュニケーションが円滑とは言いがたい人たちです。ですから、その目標は「欲張らず一歩ずつ確実な」ものである必要があります。《機能・文脈・形態》のうち、ねらうのはひとつに絞ります。つまり、残りの2つはすでに獲得している力を使い目標を立てる、これが成功体験を導くコツです。

そのためには、表出コミュニケーションのアセスメントが必要になります。証拠に基づかなければ、適切な目標が立てられるはずがありません。しっかりしたコミュニケーションのサンプルを取り、それを分析することができれば申し分ありませんが、それだけの時間を取ることが難しかったり、サンプルの取り方自体よくわからなかったりする場合もあるでしょう。しかし、それらの諸問題をクリアするまで何も支援できないのは悔しいことです。

そこで、こんな簡易分析用紙を活用してみてはいかがでしょうか（次頁参照）。比較的よくコミュニケーションが出ているなと思える場面を3～5分ほど観察して、表に書き込んでいくのです。チェックするのは自発的な表出コミュニケーションの場面です。応答のコミュニケーションは、自発とは言えないのでスルーしましょう。物を見せて待つのはＯＫですが、「なんて言うのかな？」などと促してしまうと、それは完全な応答になってしまうので気をつけてください。

では、書き方について説明しましょう。

ある子が自由遊びの場面で「手遊び歌をしてほしい」と女性スタッフの手を取って要求している光景を思い浮かべてください。

	多く出ていた機能	
	要　　求	
	注意喚起	
	拒　　否	
	説　　明	
	情報提供	
	情報請求	
	あいさつ	
	感　　情	

	多く出ていた文脈
	場　面（　　　　　　　　）
	だれに（　　　　　　　　）
	どこで（　　　　　　　　）
	い　つ（　　　　　　　　）

	多く出ていた形態	
	具 体 物	
	ジェスチャー	
	カ ー ド	
	正式なサイン	
	話しことば	
	書きことば	
	ＩＴ機器	
	そ の 他	

→

チャレンジするのは何？		
機能	文脈	形態

↓

スタート目標と方法は？

表出コミュニケーションの簡易分析用紙

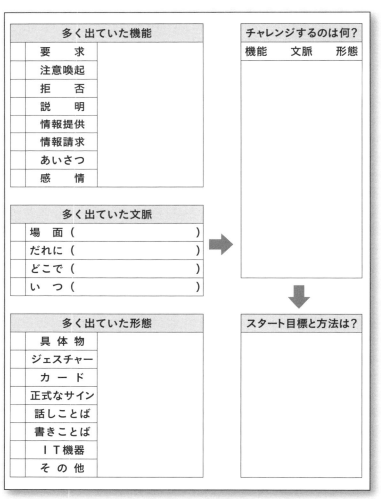

多く出ていた機能は、要求ですよね。文脈としては「自由遊びの場面で」「女性スタッフに」と埋めることができるでしょう。さて、多く出ていた形態ですが、手を取るという直接的な行為を活用しています。しかし、その形態は新たに教えることば（母国語）ではないので、その他の欄にチェックすることになります。ここまでが基礎データです。

この基礎データを踏まえると、より伝わりやすい形態にチャレンジしたくなります。となると、形態以外の機能と文脈はすでに獲得しているものを生かしますので、手遊び歌の要求と遊び場面での女性スタッフへの要求はそのまま活用します。手遊び歌は具体物で表現しにくいので、カードで相手に要求を伝える形態にチャレンジしてみることにして（もちろんカードの理解に可能性があると仮定した場合です。手遊び歌の要求レパートリーをカードで増やせたらうれしいですし）、「♪いっぽんばしこちょこちょ♪の絵カードを女性スタッフに渡して手遊び歌の要求をする」という目標が浮かび上がってきます。カードを使った要求はまだ学習していないことなので、最初は手渡す動作を別スタッフが後ろから手添えして教え、徐々に介入を

多く出ていた機能		
✓	要　　求	手遊び歌をしてほしいという要求強くあり。
	注意喚起	
	拒　　否	
	説　　明	
	情報提供	
	情報請求	
	あいさつ	
	感　　情	

多く出ていた文脈	
✓	場　面（自由遊びの場面で　）
✓	だれに（女性スタッフに　）
	どこで（　）
	い　つ（　）

多く出ていた形態		
	具 体 物	スタッフの手をとり、手遊び歌をさせようとする。
	ジェスチャー	
	カ ー ド	
	正式なサイン	
	話しことば	
	書きことば	
	ＩＴ機器	
✓	そ の 他	

➡

チャレンジするのは何？

機能　　文脈　　（形態）

手遊び歌の要求と遊び場面での女性スタッフへの要求は生かす。

手遊び歌は具体的で表現しにくいので、カードで相手に要求を伝える形態にチャレンジする。手遊び歌の要求レパートリーをカードで増やせたらうれしい。

⬇

スタート目標と方法は？

♪いっぽんばしこちょこちょ♪の絵カードを女性スタッフに渡して手遊び歌の要求をする。

最初は手渡す動作を別スタッフが後ろから手添えして教え、徐々に介入を減らす。介入がなくても要求を出せたら達成とする。

表出コミュニケーションの簡易分析用紙　記入例

減らしていきながら、介入がなくても要求を出せたら達成とします。

目標を導き出すための道筋がはっきりしていることで、達成する可能性の高い目標となり、成功経験を味わってもらえます。何と言ってもコミュニケーションはマインドが勝負ですから、成功経験はとても大切です。「こう伝えたらいいんだ」という自信が「もう1回やってみよう」という意欲を高めるのです。

参考文献：
『自閉症のコミュニケーション指導法――評価・指導手続きと発達の確認』L・R・ワトソン、C・ロード、B・シェーファー、E・ショプラー著／佐々木正美、青山均監訳、岩崎学術出版社、1996年

○コミュニケーションと社会性

では、コミュニケーションと社会性をどう整理すればいいでしょうか。同じような意味で使っていたり、さほど意識せずになんとなく使ってしまっている人が多い

かもしれません。自閉症スペクトラムの診断基準として、コミュニケーションの困難性と社会性の困難性を包括的にとらえる考え方が示されています。しかし、私は、支援する上では、コミュニケーションと社会性の概念を整理しておくべきだと考えています。そうすることで、目標や支援方法が明確になるからです。

では、私なりの整理について説明しますね。あくまで私見ですので、ご容赦を。

＊社会性：1対多（複数）の人間関係の中でふるまうスキル

その期待値は「ひどく嫌われない程度のつきあい方ができる」力。

1対1の関係の中でのふるまいについてはプレ社会性とおさえる。

1対1の関係が特定できない多数を相手に行われる場合は、1対多の関係と言える。

拙著『発達が気になる子の「ステキ」を伸ばすかかわり方』の中で、「社会性」「社交性」「親和性」について触れていますので、そちらもぜひご覧くださいませ。

＊コミュニケーション：１対１の関係の中でメッセージをやりとりする行為

あくまで、コミュニケーション方法の学びという限定された範囲にしぼって考える。

つまり、社会性という大きなくくりがあって、1対多の関係の中で発揮しなくてはならないものとそのベースになる1対1の関係の中で培っていかなくてはならないものがあるだろうという考えです。1対1の関係の中で培わなくてはならないもののひとつに表出コミュニケーションがあり、したがって、表出コミュニケーションを教えていくときは1対1の環境の下で実施すべきであるということになります。

しかし、「いつでもだれでもどこでも般化する」ことまでは求めず、できる限りの般化でいいでしょうというくらいがたぶんちょうどいいのだと思います。コミュニケーションは限られた場面や関係性の中であっても、その人なりに高まっていけば人生は豊かになるはずですから。ですから、コミュニケーションを社会性でひとくくりにしないほうが目標を欲張らずに設定できるし、どのような環境で教えていくべきなのかも見えてきます。それに、孤高という姿はりっぱな社会性の様相ですから。

また、順番や交代などを1対1でまず教えることがあります。それは「プレ社会性」と名づけ、集団場面での般化をめざします（ちなみに、私は、いつや次などの条件があらかじめ決められている中で動くことを「順番」、条件的にはすべて決められていない中で適宜代わっていくことを「交代」と分けています）。

なぜ般化をめざすのか。順番や交代は、元々3人以上の集団の中で発揮すべきことであり、1対1の環境下ではその境目が混在してしまうからです。しかし、いきなり本番という環境では学びにくいので、1対1でそのやり方を学んでから集団で発揮するというルートを取るわけですが、その先を見据えていることを忘れてはいけないよということを明確にしておきたいので、1対1の場面で教えている段階は「プレ社会性」と名づけているのです。

こうした細かい定義づけをすることにより、コミュニケーション支援なのか社会

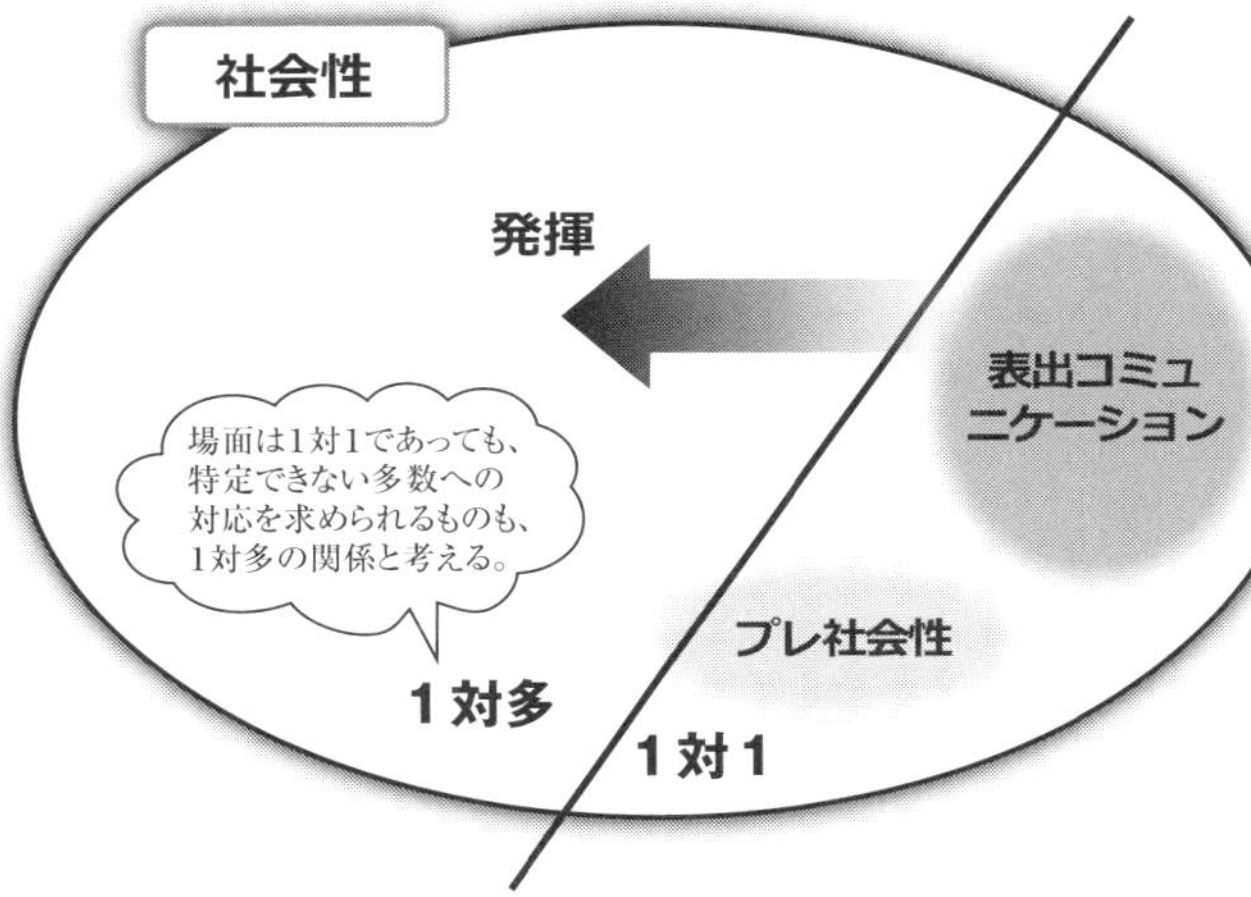

社会性とコミュニケーションの関係を整理するとこうなります

性支援なのかあいまいなまま支援することは避けられます。あいまいでなくなれば、なぜその支援をするのかという論拠がはっきりしてきます。支援はうまくいくいかないで論じられるものではなく、論拠がはっきりしているかしていないかで論じられるべきものです。だってうまくいかないときはありますもの。うまくいかなくても論拠がはっきりしていればまたがんばれます。

1 上手な遊び相手は表出コミュニケーション支援の達人

おもしろい遊びを勝手に始めてしまう

□ よくある？ 光景

大人の「〇〇しようか」のことばがけに「うん」と応じて遊び始めるお子さん。遊びの展開としてはさわやかで美しい姿です。でも、表出コミュニケーションの視点から見ると、応答的であって自発的な姿ではありません。

□ どうしてそうなるの？ どうすればいいの？

遊びの時間は「遊べる」ことが中核ですから、遊べていればいいのです。ですから、それが応答的であろうが自発的であろうが、どちらでもいいのです。遊びは常に自発的でなければならないなどと言うつもりはまったくないので、まずはその確認を念のため。

ただ、もしそこに自発的なコミュニケーションを仕組める可能性があって、それがそれほど無理なくできそうなら、チャレンジしてもムダではないでしょう。遊びを損なわずに表出コミュニケーションを引き出すためのことばがけを考えてみましょう。

【「おもしろい遊びを勝手に始めてしまう」ということばがけ】

こちらが勝手におもしろがって遊んでいるのをただ見せるだけですが、本人がそこに興味を示せば何らかのアクションを見せてくるはずです。アクションがあるということは、そこには《機能・文脈・形態》が存在しています。目標が見えてくるかもしれません。

【お子さんの真似をするということばがけ】

一生懸命おもしろそうな遊びを見せても別に反応もなく、かといって自分で何かの遊びに没頭しているわけでもなく、ポワーンとしている感じを漂わせているお子さん（ポワーンとすることに没頭しているとも言えますが）。アクションを引き出す余地が見えないという状況です。そんなときは、お子さんの動きや発語を真似してみましょう。もしかしたら、こちらが真似していることに気づいて、自発的な動きを見せるかもしれません。そうなったら、ちょっと真似をする時間を遅らせてみます。そのときに「真似しなさいよ」的なアクションが出てくるかもしれません。

この2つのことばがけって、遊び上手な人がさりげなくやっていることでもありますね。

□ こんな方法もあります

オーソドックスな方法としては、「好きなものに取り組んでいるときに、何かが足りない状況を作って、それを伝える場面を仕組む」ということばがけがあります。課題や作業のときには有効な作戦です。ただし、遊びにおいては、こうした欠損状況よりは、おもしろそうで気になる状況を用意するほうが無理なくナチュラルだろうと私は思っています。

2 相手にメッセージを渡せるかどうかが運命の分かれ道

「やり」ができるかどうか

□ よくある？ 光景

何かを伝えたい気持ちもあるし、その力もそれなりにあるのだけれど、相手に伝えるということがうまくできないでいるお子さん。結果として伝わらないからイライラし、最後には一人で怒ってしまうという人もいるかもしれません。

□ どうしてそうなるの？ どうすればいいの？

コミュニケーションは交換の行為とも言えます。「やりとり」と言い換えてもいいと思いますが、自分からのメッセージを相手に「やり」、相手からのメッセージを「とり」しながら、進んでいく行為です。この「やり」が実はなかなか高いハードルを持っています。

いわゆる多数派と呼ばれる人たちは、この「やり」が相手に届いているか、また相手にどう届いているかを自然に意識しながら「やり」をします。発達障がい、特に自閉症スペクトラムの人たちの中にはこの「やり」そのものが苦手だったり、相手のことを意識した「やり」がうまくできなかったりする場合があります。上手に「やり」をするのは期待値としては高いかもしれませんが、確実に「やり」をすることは学んでおきたいですし、学べることだと思います。

表出コミュニケーションを教える初期の段階では、話しことばが出ているかどうかを重視する支援者もいるかもしれませんが、それよりも何よりも、相手のところに行って「やり」ができるかどうかを最重要視します。相手に「やり」ができるかどうか、これが運命の分かれ道です。

ですから、実物やカードなどを使って確実に相手に渡すという行為で「やり」の意味を教えていくことが有効な方法となります。

当然のことながら、自発的な「やり」を仕組まなければなりません。しぐさや指さしを含めた「ちょうだい」のことばがけに応じて渡すなら、それは応答にすぎませんから。

そうなると、どんなことばがけが必要になるのでしょう？　黒子役が後ろから手添えをして、渡すという行為を手助けするという、見えざる力のことばがけが必要になります。そのことばがけは徐々に減らしていき、自発的な「やり」へと高めていきます。そして、《近くにいる人へ渡す→少し離れた人のところに行って渡す→渡す相手をちょっと探して渡す》という段階を上がっていけたらいいですね。

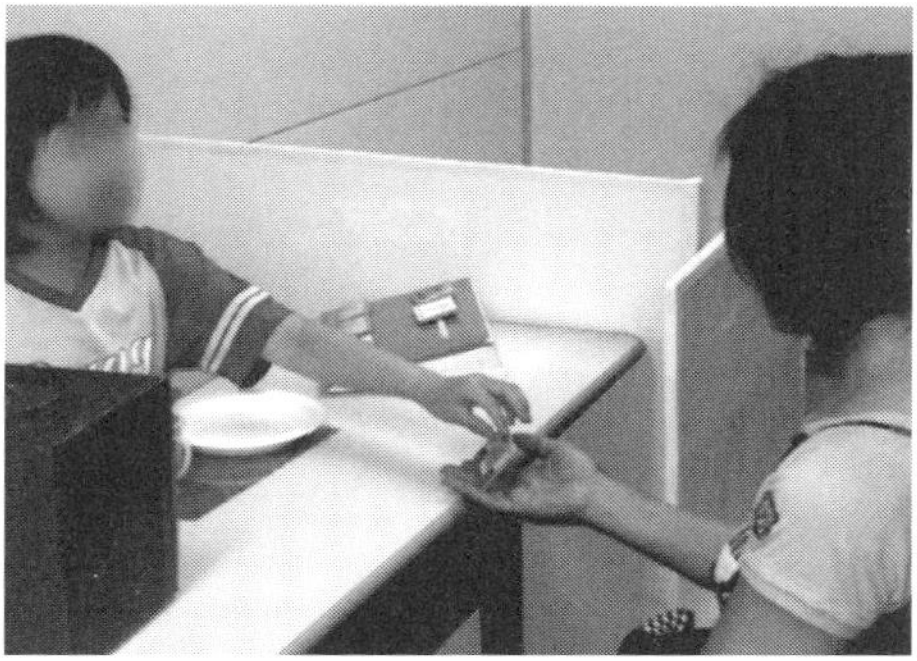
近くにいる人に渡す

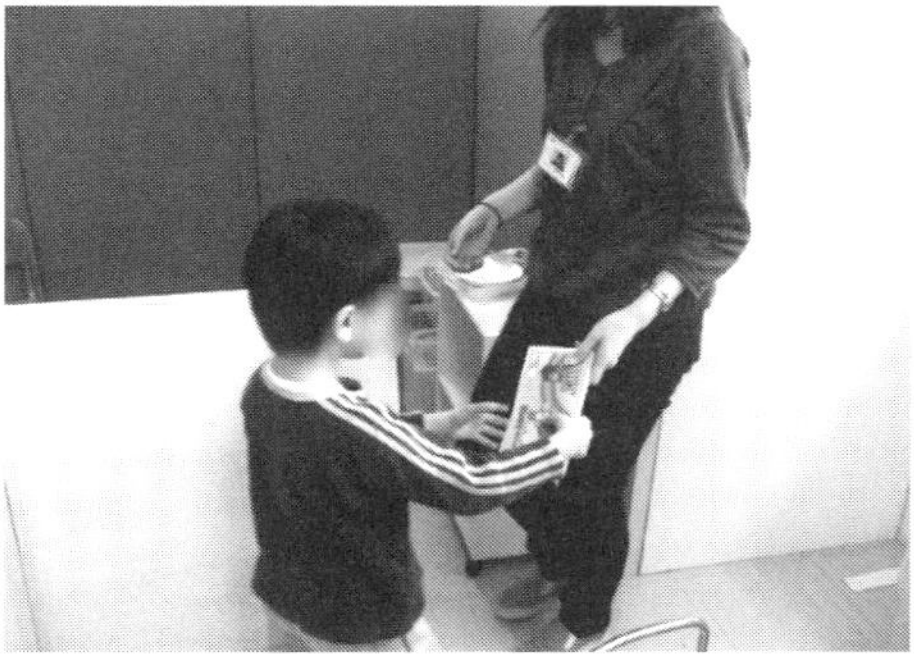
少し離れた人のところに行って渡す

□ こんな方法もあります

黒子役による見えざる力のことばがけができるときはいいのですが、黒子役がどうしても用意できないときはどうしましょうか。やってはいけない支援者側の行動は3つ。

その1：自分の手のひらを何度も指さして「ここにちょうだい」オーラを出す。
その2：「ちょうだい」とばかりに手をぐっと差し出し続けている。
その3：「どうするんだったかなあ」などと見えすいた合図を出す。

つまり、これらをNGとして、他のさりげない行動で気づきを待つしかありません。

その1の行動は完全NGですが、その2とその3はうまくやればかろうじて許容範囲になります。手を差し出し続けるのはさすがによくないですが、こちらの手に一度視線を向けてもらって、あとはその手を自然な位置に置いておくという方法を私はやっていました。なるべくこちらの出す刺激は最小限にしたいので、声は出さずに手をちらっと見てもらうような動作をしていましたね。ただし、あくまでも黒子役による見えざる力のことばがけが基本ですので、お間違えなく。

3 その子の立場で返答する

復唱作戦

□ よくある？ 光景

実物やカードなど、相手にそのアイテムを渡すことで自発的にメッセージを伝えられるようになってきたお子さん。話しことばでも表現しようとする様子が見えてきました。でも、適切な表現になかなかたどり着きません。「○○ください って言ってみて」と促すと「言ってみて」と繰り返したり、「よく持ってきたねえ」と言うと「よく持ってきたねえ」とオウム返ししてしまったり。

□ どうしてそうなるの？ どうすればいいの？

伝えられる手段や伝わるという確信を持ち始めると、それが話しことばを促すことを主たる目的とした方法ではなくても、話しことばが増え始めることがあります。たとえば、絵カードを渡すということが母国語であるお子さんがいたとして、その母国語がしっかり身についてくることで、母国語以外に使えることばも増えてくるという現象です。もちろん喜ばしいことですし、伝えられる方法が増えるのはとてもいいことです。

しかし、ここで陥りがちなことがあります。それは、話しことばが出てきたから、話しことばを引き出すことに重点を置こうとしてしまうことです。多くの場合、そのシフトチェンジはうまくいきません。だって、〝母国語〟を変えようとするのはきわめて難しいミッションですから。母国語はしっかりキープしながら、母国語以外のことばも知るというスタンスが求められるのです。

チョコレートの絵カードを持ってくることができる子がいるとします。「チョコレートがほしい」という要求ですが、絵カードを渡すという母国語で表出しています。そして、その子に「チョコチョコ、ちょー」という発語が出てきました。「チョコ、ちょーだい」という、その子にとっては母国語ではない話しことばの一部のようです。

せっかくの芽生えですから、なんとか花を咲かせたいものです。鏡のように模倣するという特性がある人の場合、その特性を利用して、本人が言うべきことばをこちらが言うことで言い方を教えるという方法をよく採用します。

そこで、絵カードを受け取る際、「チョコレート、ください」という、その子の立場に立った返答を受け取る側が行います。いわゆる復唱作戦です。まあ考えてみれば妙なやりとりではありますね。その子は「チョコレート、ください」と絵カードを用いて的確に表出しているのに、「チョコレート、ください」と同じセリフを繰り返して応じているのですから。

でもこれが、母国語はしっかりキープしながら、母国語以外のことばも知るというスタンスでの教え方になるのです。

もうひとつ例を出しましょう。

家に帰ってきた子に「おかえり」というお母さん。ところがその子は話しことばが母国語ではないし、鏡のように模倣する特性がある人だったので、「家に帰ったときは、おかえりって言えばいいんだ」と思い、いつも「おかえり」と言うようになりました。お母さんが言うべきだったのは「ただいま」だったのです。「ただいま」がことばとして確実に使えるようになった段階で、お母さんは「おかえり」と言えばよかったわけです。

復唱作戦が有効な人は、裏を返せば「よけいな復唱もしてしまう可能性がある」とも言えます。精神的に不安定な状態のときに、「ダメでしょ」「何をやっているの」「いいかげんにしなさい」など叱られたことばをエコラリア（真似）してしまう人がいますよね。もしかしたら、落ち着かないときに聞いてしまった叱責のことばを「自分の状態を少しでも落ち着かせようとするときに言わなくてはならないことば」として復唱しているのかもしれません。もし「大丈夫」ということばを復唱してくれたなら、好感度が下がることはありません。ことばがけってやっぱり大事ですね。

□こんな方法もあります

ただし、自分が言うべきことと相手が言うべきことの区別がついている人に対しては、単なる復唱作戦は、本当に妙なやりとりになります。であれば、こう反応するのがかっこいいだろうという返し方をこちらが繰り返すことで、本人たちもその返し方を学んでいくという段階に進みましょう。

「ありがとうございました」など、丁寧な言い方で返すのはとても大事ですし、有効です。ＴＰＯで適切な言い方をチョイスするのが難しい人たちなので、美しいことばを復唱してもらうように仕向けるわけです。「チョコレート、ください」に対し、「ありがとうございました」と応じると、「チョコレート、ください。ありがとうございました」って表現するようになるかもしれません。

復唱作戦は、確かに他から見たら妙なやりとりです。でも、わかる人が見たら通《つう》のやりとりです。わかる人がわかってくれたらそれでいいじゃないですか。

4 母国語は文字でした

専用メモ

□ よくある？光景

場面緘黙《かんもく》の傾向がある子と出会ったときのエピソードです。通っていた小学校ではいっさい話さず、そして、しだいに登校するのもしんどくなったようで、出会ったときはほぼ不登校状態でした。ある検査を私が行うことになったのですが、たぶん話すことを求められると思ったのでしょうね、最初から涙ぐみながら検査室に入ってきました。

□ どうしてそうなるの？ どうすればいいの？

だれもがそうすると思いますが、私も話すのをやめて、そのあたりに置いてあった白紙に「今日は加藤さんもお話をしないで書いてお知らせします。○○さんも書いて知らせてくれれば大丈夫です」と書き、もう1枚、その子の表出用に白紙と鉛筆を置いておきました。

すべて筆談で検査を進めましたが、実質的正答数はとても多く、物事を理解する力も高いことがわかりました。しかし、その子にとっては自分から伝えることはとても苦しいことだし、応答することもハードルが高くストレスフルなことですから、話しことばを母国語にされると外国に一人取り残された感じがしていたのかもしれません。

検査の後、月に2回くらいのペースで半年間、私のところに来てもらうことになりました。筆談の様子から見て、文字は十分に母国語になると思いましたから、自発的な表出コミュニケーションのツールに専用メモを用意しました。書いて手渡せば必ず読んでもらえるものです。渡しに行くことへの躊躇はあったようですが、それはすぐに払拭《ふっしょく》できました。他に子どもはいませんし、限られたスタッフしかそこにはいません。安心の中で人と楽にコミュニケーションできる経験を重ねたことで、自信を取り戻していったようです。お互いに筆談しなくても、私たちスタッフは普通に話しその子は普通に書く、というやりとりになっていきました。

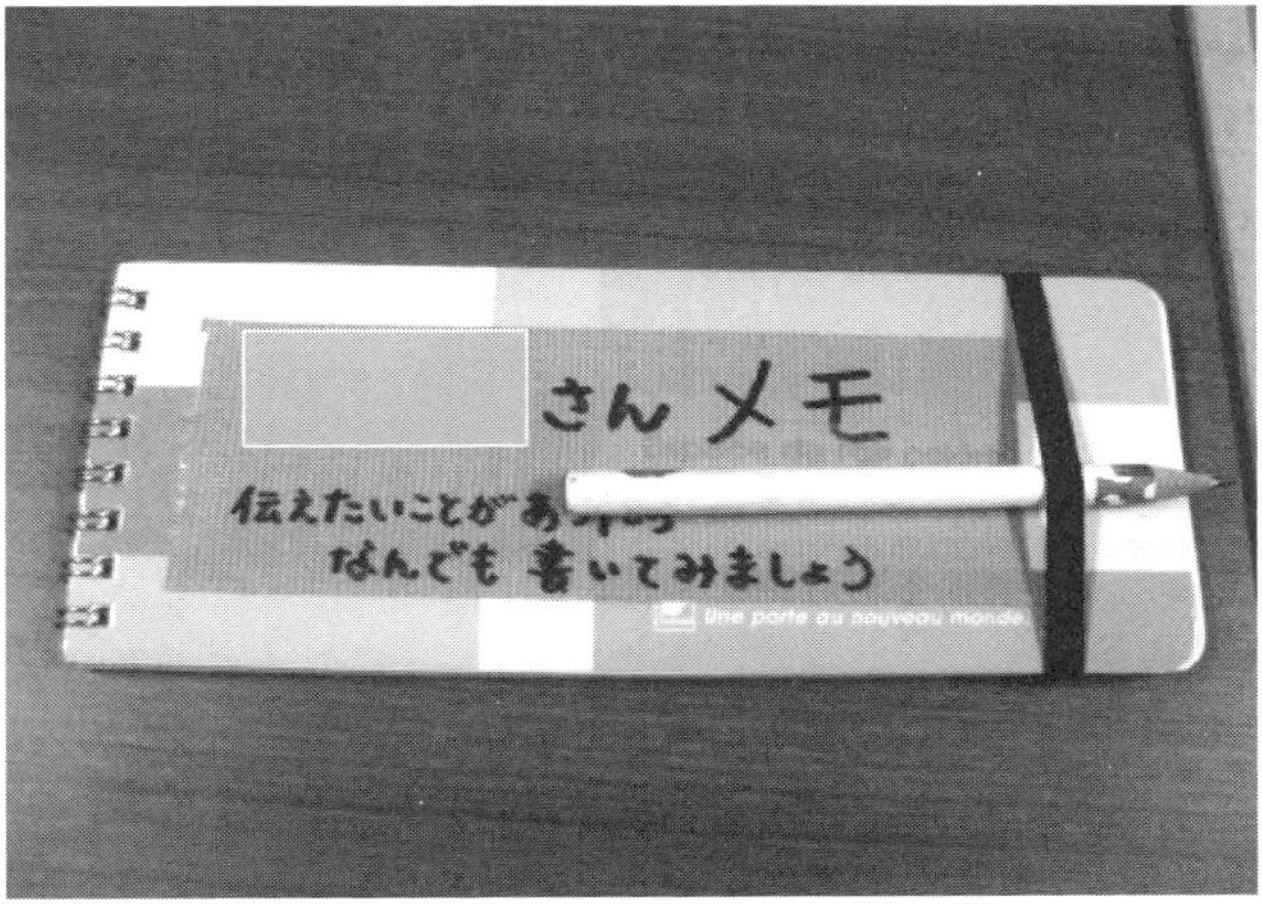

書いて渡せる専用メモ

□ こんな方法もあります

話さなくても人に伝えられる方法はいくらでもある、これがこのお子さんとのセッションテーマでした。専用メモだけではなく、長文用ノートも用意していましたし、パソコンのプレゼンテーションソフトの使い方も練習しました。話さなくてもそこに文字が出てくれば相手は読んでくれます。自分の母国語で生きていけることを知ってもらいたかったのです。

　さて、このお子さんがあるとき私に手渡した専用メモの中に、こんな一文がありました。「私は、行きたい私立

ただいまプレゼン中です

中学校があります。そこでもう一度最初からがんばりたいです。でも面接試験があります。面接試験の練習をしてください。お願いします（原文を少々改編しております）」。

ここまで言われて「できません」などと言えるはずがありません。その私立中学校に事情をお伝えして相談したところ、「話せないからという理由で面接を拒否することはしないし、筆談でのやりとりができるならそれで大丈夫です。受験には問題ありません。ただし、合格するかどうかはまったく別問題ですけれど」というお答えをいただきました。

ならばチャレンジあるのみ。練習初回、私は、「面接官が質問して、本人が筆談で答える」想定でいくつかの質問を用意していました。「答え方は本人の母国語でいくしかないのだから、あとはどうやって答えるかだ」という戦略でした。

ところが……。

私がひとつめの質問をしたら、彼女の口からよどみなく答えが発せられるではありませんか。自分の母国語に誇りと自信を得た彼女は、第2外国語としての話しことばも駆使するバイリンガルになったのです。面接官役の私は「これで合格しなかったら、世の中間違っている」と心の中で叫んでおりました。

結果は……。見事合格でした。世の中間違っていませんでした。

5 楽に人を呼べるなら そのほうがいい

ピンポン♪

□ よくある？ 光景

近くに人がいてくれると伝えられるし、話もできるのだけれど、困った状況になって助けてほしいと思っても人を呼んで助けを求めることができなくて、事態がどんどん悪化してしまう……。「呼べばいいじゃないか」と言われるけれど、それができない。「聞くは一時《いっとき》の恥、聞かぬは一生の恥だ」と言われるけれど、それができない。

□ どうしてそうなるの？ どうすればいいの？

夜中の寂しい道を一人で車を運転中、車が故障してしまったとします。しかも携帯電話も通じない場所。

さて、この状況で求められるスキルは2つです。ひとつは故障している状況を的確に伝えて援助を求めるスキル。もうひとつは人を呼ぶスキルです。

この2つは別のスキルなのです。表出コミュニケーションの機能で言えば、要求と注意喚起であり、機能が違えば求められるスキルも違うのは当然のこと。ですから、よくしゃべるのに肝心なときに助けを求められずに失敗することはあるのです。

こんな人がいました。作業は正確で、材料が足りないときもその状況を的確に伝えられる人でした。しかし、それはそばに人がいるときだけ。そばに人がいないとただ固まってしまうのです。

就職先の同僚の方たちはその人に対してとても好意的で、助けを求めていい人を決めてくれたり、その言い方を紙に書いてくれたりもしました。しかし、どうもうまくいかないのです。たまたま私がかかわる機会があったときに、どうしたら援助要求を表出してくれるだろうかという話になったのです。

私が言ったのは「話せることと人を呼べることはまったく次元の違うことだと考えてみてください。人を呼ぶという行為を話しことばでするのは、その人にとっては違う国の言語でするようなもの。だから、人を呼ぶことについては、楽に人を呼べる方法を考えたほうがいいですよ」ということでした。

そして、たまたまあった、目覚まし時計なのになぜかボタンを押すとピンポンが

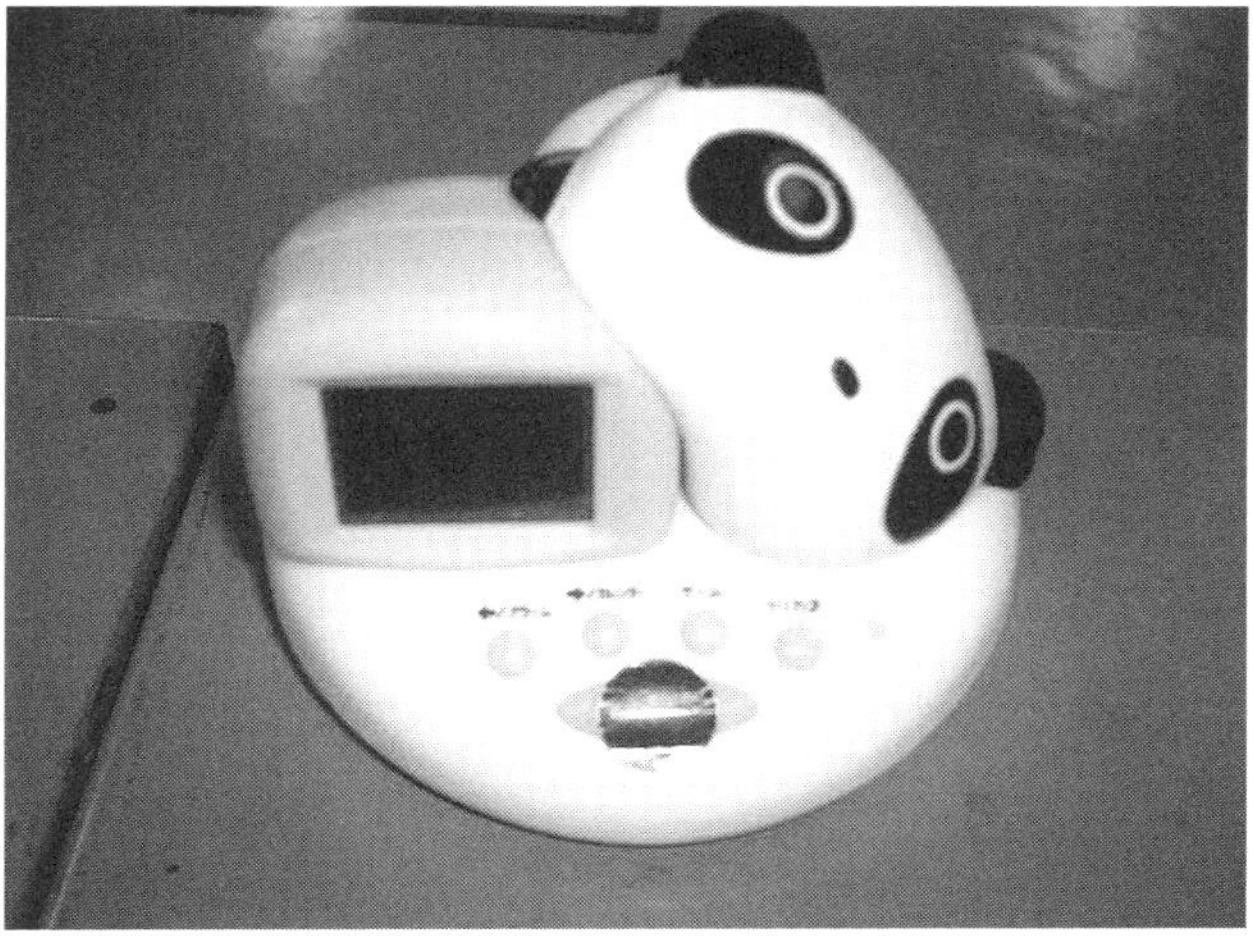

ピンポンで人を呼ぶ

鳴るというグッズを活用することにしたのです。シールが貼ってあるところを押すとピンポンが鳴ります。目覚まし時計にどうしてこの機能が必要なのかいまだに謎ですが、このときはドラえもんの道具のように思えました。

材料が足りないなどの困った状況になったら、ただボタンを押すだけです。楽なことこの上ない。彼がボタンを押すとだれかがそばに来てくれます。そばに来てくれたら彼は伝えられるのです。それでいいのです。だって、居酒屋にも店員さんを呼べるピンポンが置いていますよね。そういう配慮をしてくれる居酒屋さんのほうが居心地よくないですか。それと同じです。

□こんな方法もあります

メールは注意喚起が苦手な人たちにとって、すばらしいコミュニケーション手段だと思います。

基本的に送る相手がはっきりしていますし、送信する行為が注意喚起を包含してくれます。メッセージの交換というコミュニケーション本来の意味もシステム的に実にわかりやすいです。メールの内容や適切な頻度を学ぶことで、とても有効なコミュニケーション手段となります。

また、一方的に不特定多数の人たちに発信できるインターネットツールがありますが、相手がはっきりしないことで「やり」と「とり」がとても難しくなりますから、いろいろなリスクを内在してしまいます。

個人的には、どううまく使うかだと思っていますし、リスクは確かにあるでしょうが便利なツールには違いないです。ただ、私はアナログ人間なので、そのツールを自分でもうまく使えていないものですから、これ以上のお話は他の詳しい方にお任せすることにします。

6 嫌いなものを伝えられたら人生は楽になる

嫌いな食べ物一覧表

□ よくある？光景

「きらい」や「いや」をうまく伝えられないために、我慢を重ねてしまってストレスフル……。「きらい」や「いや」をうまく伝えられないために、すぐに爆発してしまって好感度がガタ落ち……。でも、拒否をうまく伝えるって、かなり難しいものですよ。

□ どうしてそうなるの？ どうすればいいの？

拒否は、感情の高ぶりや露骨な行為という、好感度の低い方法だと伝えやすい機能です。それだと教えなくてもすでにできてしまっていることがほとんどで、強烈な表出形態のため、別の表現方法を上書き保存していくことはなかなかたいへんです。だから、あくまで私の経験値ではありますが、要求の機能を使って新しい表現方法を学んでいくほうが有効である場合が多いと思います。

食べ物の好き嫌いが激しいお子さんは多いですね。好き嫌いというよりは味覚のストライクゾーンが狭いだけなのですが。「これきらい」「これいや」という拒否をストレートに表出するよりも、「残したいです」「残していいですか」という要求で表出したほうが好感度は下がりにくいです。

「とってください」という話しことばは使えているお子さんがいたのですが、苦手な物が多すぎて「とってください」だけでは伝えきれない現状がありました。苦手な食べ物を表現するためには、話しことばについては母国語になっていましたが、「とってください」という話しことばではない母国語を組み合わせる必要があったのです。絵の意味をとらえることができて、ひらがなやカタカナも読める人でしたから、「絵＋文字」による嫌いな食べ物一覧表を母国語にすることにしました。《食べ物が出されると本人は「とってください」と言います→黒子役が本人の手をとってボードの上を「どれだろう」のような感じで（何も言いませんが）宙に浮かせます→本人が「にんじん」と言います》という流れで支援しました。すぐに手応えがあり、「とってください、ねぎ」「とってください、はくさい、まめ」と二語文や三語文の世界に降りたっていましたし、「とってください、トマトと～ピー

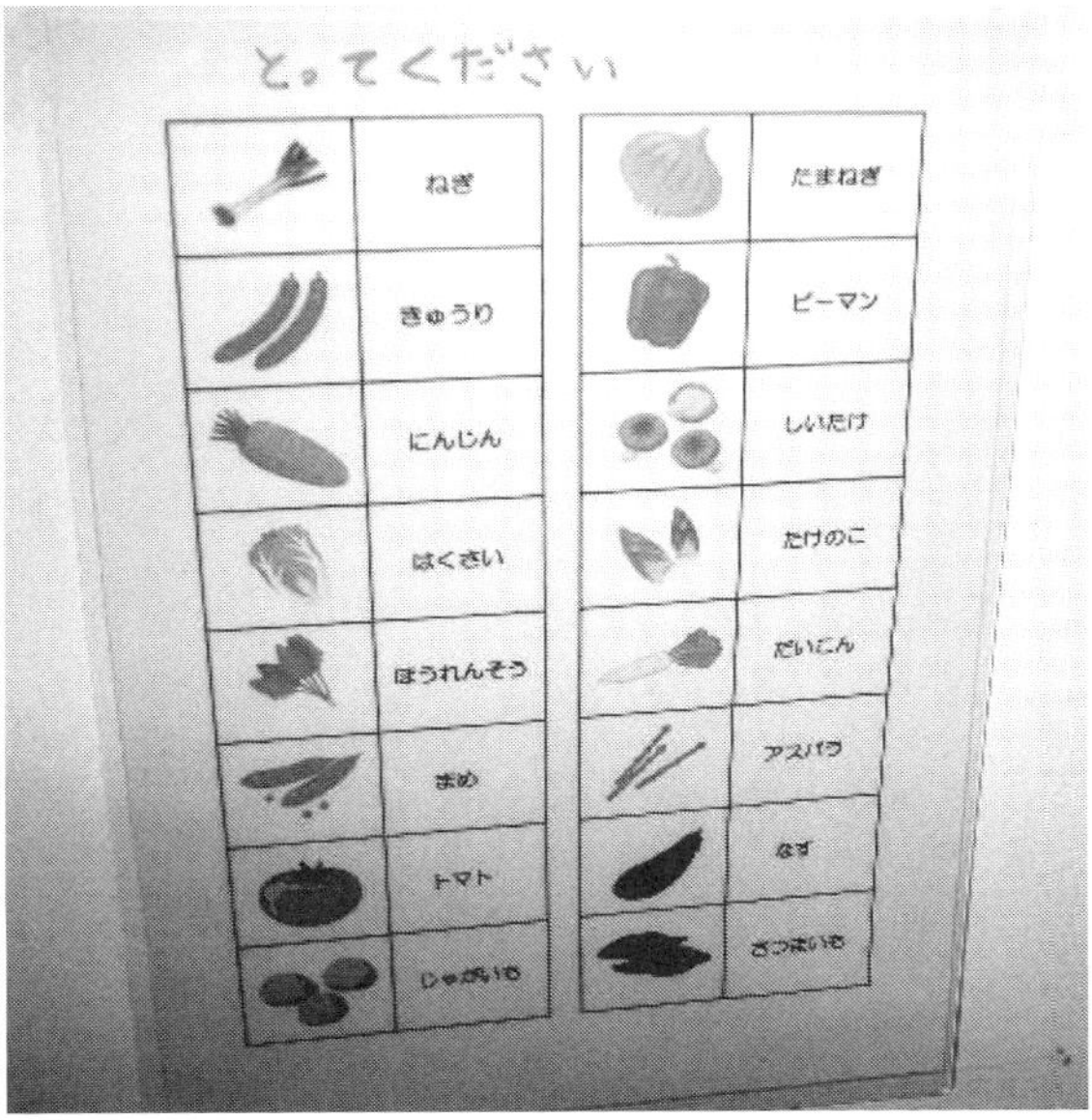

嫌いな食べ物一覧表

マンと〜しいたけと〜」のように助詞の世界にも突入しました。しかし、この一覧表があれば話しことばで表出しますが、一覧表がないと「とってください」だけの表現になります。つまり、この一覧表が母国語として重要な手段になっているのです。話しことばが出たからもう話しことばが母国語になったと思い込んでしまう支援者が多いのですが、多くの場合、それは早計です。母国語はベースラインですから。

□ こんな方法もあります

苦手な食べ物が素材としてはっきりしていない場合も多いですよね。調理方法だったり見た目だったり、あるいはその日の気分だったり。何を残すのか読めない場合は、残す場所を示すしかありません。たとえば、残飯《ざんぱん》ボウル（商品名ではありません）。食べたくない物はそこに入れます。自立的に使ってほしい場合は、最初からセッティングしておきますが、表出コミュニケーションを促したい場合は、最初からセッティングせずに本人からの要求があってから提供します。1回1回、要求と提供を繰り返すと手続きが多すぎていやになりますし、毎回セッティングを要求するのもめんどうに思うでしょう。いつもあるセッティングがないという状況を時折作りながら、表出場面を仕組んでみてください。あせらずゆっくりじっくりと、です。

名づけて、残飯ボウル

第5章

支援する立場にある自分へのことばがけ

1 20分の1の意地

最後の章になりました。この最後の章は、発達障がいの方々への支援に日々奮闘されている支援者のみなさんへのいくつかのメッセージをお伝えする形で書き進めていきます。私ごときが言うのは僭越至極で本当にお恥ずかしいのですが、少しでもエールになるのならと思います。

自分で自分を励ますことは大事なことです。人を元気にする仕事に就いている以上、自分をポジティブにキープしておかないとなりませんから。自分にとってスッキリすることばがもし見つかったら、どうぞ自分を励ますことばとして使ってください。

○想定通りにいかないのが対人支援

いつも支援がうまくいくわけではありません。むしろうまくいかないときのほうが多いでしょう。そして、この仕事は、どんなに自分ががんばってもうまくいかないときがあります。自分も相手もいつも同じ調子ではないですし、取り巻く環境も変動します。しかも結果を出すのは自分ではなく、相手の人たちですから。

時には暴言を吐かれることもあるでしょう。

他害を受けることだってあるでしょう。

ご家族の方からお叱りをいただくこともあるでしょう。

へこみます。

何にもへこまないのは支援者として大問題ですが、へこみすぎるのはよくありません。

○自分への期待値設定

野球やサッカーなどの人気プロスポーツで結果を出し続けている偉大なアスリートが数多くいらっしゃいます。偉大な打者でも3割の成功率です。7割はしくじっています。偉大なゴールハンターでも、1試合に3本決めたら大絶賛です。決めたシュート以外は全部外しています。私たちは、そんなに偉大である必要はないのでは？

支援者へのエール

私は、20回に1回うまくいったら上出来だと考えています。20回に1回の成功でいい。自分の実力はその程度。それでいいじゃないですか。

しかし、19回はけっしてあきらめない。19回の試行錯誤は繰り返します。

それが私の意地です。

2 片思いの礼儀

○利用者さんには自分が担当じゃないほうが幸せなのではないかという疑問

対人支援という仕事をしている以上、だれかの役に立ちたいと願い、そしてだれかから頼られている喜びを感じたいと思うものです（そうではない人ももしかしたらいるかもしれませんが、私は誠実な支援者はこう願っていると信じています）。

しかし、前の項でも書きましたが、そんなにうまくはいかないのが対人支援。自分が担当しているお子さんや利用者さんが、いつも自分のことを好いていてくれるわけではありません。時には、自分のことを嫌っていたり、他のスタッフのほうを好きでいたり。がんばればがんばるほど、ますますうまくいかない。自分が身を引いたほうがその人の幸せになるのではないか。そう考えてしまうときはありませんか。

私もその一人です。ごくまれにうまくいくときがあってそこで喜び、しかしまた「自分じゃないほうがいいのではないか」とへこみ……、その繰り返しでした。そして今もその繰り返しは続いています。きっとこれからも続きます。確かにきつい話です。でも、私はあるときこう考えることにしたのです。

○重要なことは何だろう

私は、両思いになろうとしている自分、そしてそれがあたりまえだと思っている自分がいることに気づいたのです。まさに勘違い野郎ですね。でも、気づけてよかったです。気づけなかったら傲慢野郎になっていました。

重要なことは、自分が相手のことを好きかどうかであって、それしかないと思うのです。それ以上を考えるからきつくなるのだと思います。

支援者へのエール

相手のほうが自分を好きかどうかは単なる結果論。
重要なのは、相手のほうに片思いしているかどうか。
片思いできていれば、支援者として何の問題もありません。
むしろ、片思いできるかどうかが支援者としての最重要資質かもしれません。

両思いになれなくてもいいじゃないですか。
片思いでいいんですよ。

だって、それが礼儀でしょ。

3 少数派の誇り

○少数派を支援する支援者も少数派

発達障がいの出現率については、いろいろなところでいろいろな数字が出ています。仮に10%としましょう。その数値がこの数十年間で飛躍的に増えているのは多くの方の一致した見解だと思いますが、それでも10%です。90%は発達障がい圏の人ではないということです。やはり少数派であることは間違いありません。とすれば、少数派の方々を支援する私たちも世の中では少数派のはず。

少数派は数が少ないだけで悪いことではありません。むしろ少数派のほうが光り輝く可能性を多く秘めています。だから私たちも少数派の誇りを見失うことなく、少数派の彼らに寄り添っていきたい。それはきっとみんな思っています。でも、多数派の方々に伝えるためのスキルは磨かなくてはなりません。なぜなら、支援者はそれを職業としている以上、経験や実力に関係なく専門家と呼ばれてしまう仕事ですから。

○専門家って？

専門家って、すごい人のことを言うのだと考えている人は多いと思います。しかし、職業人はみなその専門性でお金をいただいているわけですから、プロすなわち専門家なのだと私は思っています。少なくともご本人やご家族は、「専門家なのだから、とにかくよろしくお願いします」と思っているでしょうし、残念ながら力量不足の支援者がいたとしても、期待を込めてそう願っていると思います。だから、私たちは、専門家として、あるいは専門家になるべく、ベストを尽くす（ベストだけは尽くす）人間でいたいですよね。

支援者へのエール

専門家って、すごい人のことを言うのではありません。
専門家って、いつも基礎基本に立ち返り、おろそかにしない人のことです。
専門家って、学ぶことにお金と時間を惜しまない人のことです。
専門家って、自分の限界を知りつつも、最大限の努力をする人のことです。

だから、専門家にはなろうと思えばすぐになれます。
しかし、専門家を維持することが難しい。
なぜなら、人はうぬぼれるし、傲慢になるものだから。
うぬぼれない、傲慢にならない、それこそが専門家。

4 びびり屋の支援者

○わかろうとする支援者でありたい

当然のことながら、自分が担当するお子さんや利用者さんのことはわかろうと努力します。でも、すべてわかるなんてきっとありませんよね。すべてわかったらいけませんよね。だって人間同士なんですから。わからないことがあるという前提で、でもわかろうとする努力は続けたいと思いますし、わからないことがあることにびびっていたいのです。

○準備こそが支援の醍醐味

わかっていないことがあるから不安です。不安だから準備は一生懸命したいのです。自分のびびりを少しでも減らすには準備をがんばるしかありません。準備などしなくてもその場で何とかできるほどの腕前を持っていないですからね。だから、シミュレーションはできるだけ念入りにします。シミュレーションをすることは、そのお子さんや利用者さんのことをより深く理解しようとする作業でもあります。

そして、「大丈夫だ」と自分に思い込ませてその場に臨みます。けれど、その準備の過程が一番楽しいのです。「うまくいくかも」「これは必ずうまくいく」「オレってすげえ」と思えるからです。まあ本番はほぼうまくいかないんですけどね……。

支援者へのエール

支援が成功するかどうか、それは準備で90％決まります。
私たちは神様でもないし、達人でもありません。
うまくいかないこともたくさんあります。

でも、うまくいくために最善の努力をしない限り、うまくいくはずがありません。

支援の真最中にあたふたするのではなく、支援前の準備であたふたする支援者でいましょうよ。

「うまくいきそうな」予感が味わえるだけでも、準備の価値があります。

準備に最善を尽くす。

神様でも達人でもない私たちにできる、彼らへのせめてもの礼儀だと思いませんか？

5 支援とはぶざまなもの

○のたうちまわる人にだけ見える光

支援なんて、泥臭くてかっこ悪いものです。だって、実際には、うまくいかないことがたくさんありますから。

だけど、泥臭くかっこ悪く、その方のために、はいずり回って努力しようとする人には、泥臭さをきらって要領よくふるまおうとする支援者よりも、きっときっとたくさんのいいことがあるのです。そう信じましょう。

のたうちまわった人にだけ見える光があります。

一瞬見えても、またすぐに見えなくなります。

でも……、のたうちまわらない人には絶対にその光は見えません。

○自分で自分をねぎらっていい

結果が出ずにのたうちまわっている自分がいて。でも別の人が支援したら結果が出てしまって。そんなときは、自分で自分をねぎらっていいのですよ。のたうちまわったのですから。

支援者へのエール

結果が出ないときは人生には必ずあります。

自分ではない支援者に引き継がれたときに結果が出るときもあります。

あなたが種をまいたことかもしれないのに、あなたにはそのスポットライトはあたりません。

仕方ないから自分で代わりに言いましょう。

「あなたのがんばりのおかげです。ありがとうございました」

あなたには自分をねぎらうだけの価値が十分にありますから。


でも、逆のときもあります。

自分が引き継いだときにたまたま結果が出てしまうことが。

そのとき、あなたは、前の支援者に何と言いますか。


私はこう言える人間でいたい。

「あなたのがんばりのおかげです。ありがとうございました」

6 くさらない人がブレイクする

○仕事の達人とは?

「相談の仕事がしたいのですが、それがかなわず、ずっと入所施設の配属です」
「小学部に行きたいと希望を出し続けていますが、中学部や高等部ばかりです」
「支援の現場で働きたいのですが、送迎の運転などの間接業務が仕事のメインです」

などなど、自分が願っていた仕事とは異なるところで仕事をされている方々は少なからずいるでしょう。それは遠回りでしょうか。

仕事に軽重や上下などありません。なぜなら、その仕事をする人がいなければその事業は回らないから。

役に立たない経験はひとつもありません。いい経験にしようとするかどうかは人の心しだいです。それに、やりたい仕事と求められる仕事が違うことはあります。求められる仕事に対して手を抜かない人こそが仕事の達人です。仕事は縁です。やりたい仕事と求められる仕事が一致するときは来ます。くさらないことです。くさると縁は逃げていきます。

○愚痴はよい。批判はムダ。

どうしてこの雑務を自分がやらなければならないんだ？　と思うときはあるでしょう。なぜ他の人はちゃんとやらないんだ？　と思うときもあるでしょう。不満や文句を上席に言うだけならだれでもできます。でも、自分でどれだけやろうとするかが人間の価値を決めると思うのです。

愚痴はこぼしましょう。愚痴は「結局は自分でやる」という宣言ですから。批判はムダです。何も生みません。批判は「おまえが悪いのだからおまえがやれ」という丸投げですから。いいグチリストになりましょう。

支援者へのエール

くさりたくなるときはあります。
そんなときは愚痴をこぼしましょう。
愚痴は前向きなことばです。だって、批判せずに結局自分でやるのですから。
くさってしまうと、人は「くさっている」と評価します。
くさらなければ、「くさっていない」と評価されます。
チャンスは必ず来ます。
人知れず頑張っている姿はだれかが認めているものだから。

あとがき

拙著『発達が気になる子の「ステキ」を伸ばすかかわり方』の最後で、私はこう書きました。

発達障がい支援業界には、たくさんの偉大な支援者の人たちがいます。すぐれた業績と卓越した力量でこの業界をリードしてくださっているその人たちは、間違いなくA級支援者だと言えます。私にはそんな業績も力量もなく、あがき、もがき、のたうちまわる毎日です。まさにB級の支援者に過ぎません。

実は、B級と言っていることすらおこがましいと気づき、こう書いたことを後悔していました。後悔しているのに、調子に乗って、また本を書いてしまいました。

恥ずかしい限りですが、だれかが少しだけ元気をもらえる本であったらいいなと思っています。重厚なことは何ひとつ書かれていませんが、そのくらいなら自分にもできるかもしれないと思えることはたくさん書いたつもりです。

私のような者に再びの機会を与えてくださった、明石書店の森本直樹様にこの場を借りて心から感謝申し上げます。ほんとうにありがとうございました。

そして、この本をお読みいただいたみなさまに深く深く感謝いたします。ほんとうにありがとうございました。

さて、最後に……。

対人支援をなりわいとする仕事、特に福祉・介護業界は、時に3Kと言われることがあります。

あとがき

「きつい」「きたない」「きけん」……

「かえれない」「きびしい」「きゅうりょうがやすい」……

「かっこわるい」「くさい」「きゅうかがない」……

何をKとするかはさまざまです。

3Kと言われるのなら、私たちの3Kをつくればいい。

「感謝される仕事である」

「感動する仕事である」

「家族が誇れる仕事である」

感謝されることに感謝しましょう。

感動の瞬間を見逃さないようにしましょう。

そしてその感性を失わないようにしましょう。

うまくいかないことばかりかもしれないけれど、あなたの家族はあなたの仕事に誇りを持っているはず。だから、自分への誇りを忘れないようにしましょう。


それが私たちの３Ｋ。

２０１７年４月

札幌市自閉症者自立支援センターゆい　加藤　潔

著者紹介

加藤　潔（かとう・きよし）

社会福祉法人はるにれの里 札幌市自閉症者自立支援センターゆい所長。昭和61年、北海道教育大学函館校（小学校教員養成課程・国語科）卒業。函館市立深堀小学校教諭、戸井町立汐首小学校教諭、北海道教育大学附属養護学校教諭、北海道教育大学附属養護学校特別支援教育センターコーディネーター、社会福祉法人北翔会札幌あゆみの園発達支援部長、社会福祉法人はるにれの里 札幌市自閉症・発達障がい支援センターおがる所長等を経て、現職。著書に『発達が気になる子の「ステキ」を伸ばすかかわり方――家庭や地域でできるポジティブ発想』（明石書店、2015年）がある。

◎カバー・本文イラスト　今井ちひろ

発達が気になる子のステキを伸ばす「ことばがけ」

――一番伝わりやすいコミュニケーション手段、それがその子の"母国語"です

2017年5月26日　初版第1刷発行
2020年2月20日　初版第3刷発行

著　者　加藤　潔
発行者　大江道雅
発行所　株式会社 明石書店

〒101-0021　東京都千代田区外神田6-9-5
電　話　03（5818）1171
ＦＡＸ　03（5818）1174
振　替　00100-7-24505
http://www.akashi.co.jp/

装　幀　明石書店デザイン室
印刷所　株式会社文化カラー印刷
製本所　協栄製本株式会社

（定価はカバーに表示してあります）　ISBN978-4-7503-4518-5